HEILENDE
MEDITATION

RAJINDER SINGH

HEILENDE MEDITATION

DER WEG ZUM INNEREN UND ÄUSSEREN FRIEDEN

Impressum
© 1996 der englischen Originalausgabe
»Inner and Outer Peace Through Meditation«
SK Publications Naperville, Illinois, U.S.A.
ISBN engl. Ausgabe 1-85230-949-0

© 2012 für die deutsche Ausgabe, 5. Auflage:
Wissenschaft der Spiritualität e.V., München
SK-Publikationen Verlags-GmbH, München

© Fotos: Wissenschaft der Spiritualität e.V., München/
Science of Spirituality, Naperville
Bildnachweis am Ende des Buchs
Übersetzung: Wissenschaft der Spiritualität e.V., München
Umschlag: Hermann Betken, Oldenbüttel · www.grafik-seite.de
Buchillustrationen: Kreativ Design, Gerd Aumann, Wiesbaden
Druck: Finidr-Druckerei, CZ
ISBN deutsche Ausgabe: 978-3-936868-06-7 (SK-Publikationen Verlag)
ISBN deutsche Ausgabe: 978-3-86826-119-6 (Königsfurt-Urania Verlag)

Vertrieb: SK-Publikationen Verlags-GmbH
Ludwigstraße 3, 95028 Hof/Saale
Tel. (0 92 81) 8 74 12
E-Mail: vertrieb@skp-verlag.de
Internet: www.skpshop.com

Inhalt

Vorwort

In diesem Buch legt Sant Rajinder Singh dar, wie man durch Meditation und innere Schau Frieden erlangen kann.

Ich glaube, dass der eigentliche Sinn des Lebens darin besteht, glücklich zu sein. Vom Augenblick der Geburt an sehnt sich jeder Mensch nach Glück und möchte nicht leiden. Aus der Tiefe unseres Seins sehnen wir uns ganz einfach nach Zufriedenheit. Daher ist es wichtig herauszufinden, was uns das meiste Glück beschert. Wenn wir überlegen, wer wir Menschen wirklich sind, stellen wir fest, dass wir keine maschinell hergestellten Objekte sind. Es ist somit ein Irrtum, all unsere Hoffnung auf Glück allein in die materielle Entwicklung zu setzen. Deshalb sollten wir uns wirklich ernsthaft bemühen, mentalen Frieden zu erreichen.

Nach meiner Erfahrung entsteht die größte innere Ruhe durch das Entwickeln von Liebe und Mitgefühl. Je mehr wir um das Glück der anderen besorgt sind, desto größer ist unser eigenes Wohlbefinden. Ein warmherziges Gefühl der Nähe für andere zu hegen, bringt automatisch das Gemüt zur Ruhe.

Wenn wir Frieden in der Welt anstreben, können wir vielleicht über Entmilitarisierung sprechen, doch es ist wichtig, mit einer Art von innerer Abrüstung zu beginnen. Der Schlüssel für wahren Weltfrieden ist innerer Frieden, und um diesen zustande zu bringen, bedarf es Verstehens und gegenseitigen Respekts für alle Menschen, gegründet auf Liebe und Mitgefühl. Mitgefühl ist vom Wesen her friedlich und sanft, aber auch machtvoll. Es ist ein Zeichen wahrer innerer Stärke. Mitgefühl entsteht jedoch nicht allein, indem man es anordnet. Solch ein aufrichtiges Gefühl muss auf der persönlichen Überzeugung von seinem Wert gegründet sein, von jedem Individuum entwickelt werden und allmählich wachsen.

Es wird keinen dauerhaften Frieden in der Welt geben, solange nicht die einzelnen Menschen eine Art inneren Frieden haben. Um inneren Frieden zu schaffen, ist es wichtig, das Gemüt zur Ruhe zu bringen, und darin liegt die Bedeutung der Meditation. Den Beitrag, den Sant Rajinder Singh hier zu dem von uns allen angestrebten Ziel des Friedens leistet, schätze ich wirklich sehr. Mögen die Leser dieses Buches durch Meditation Frieden in sich selbst entdecken und damit zu mehr Frieden in der Welt beitragen.

Dalai Lama, 22. September 1995

Teil I

Innerer Friede

1. Meditation für den inneren Frieden

Wir leben in einem Zeitalter, das auf den Gebieten der Wissenschaft und der Technologie großen Fortschritt erreicht hat. Raumschiffe landeten auf dem Mond und Sonden auf den Planeten unseres Sonnensystems, und die Teilchen der subatomaren Welt wurden erforscht. Großer Fortschritt wurde auch im medizinischen Bereich erzielt. Wissenschaftler und Ärzte entdeckten Heilmittel für viele Krankheiten und können sogar Organe ersetzen, um einen Patienten am Leben zu halten. Die stattliche Reihe an Erfindungen und sinnvollen Einrichtungen sollte der Menschheit Glück und Frieden schenken. Doch trotz der fortgeschrittenen Technologie finden wir keinen Frieden. Etwas fehlt in unserem Leben. Wir stellen fest, dass die Menschen unserer Zeit unter ständigem Stress und großer Spannung leiden. Stressbedingte Erkrankungen nehmen zu. Viele Menschen haben zwischenmenschliche Probleme und sind in ihren Beziehungen unzufrieden. Wir beobachten Konflikte auf der Ebene der Familie, der Gemeinde, der Nation und der ganzen Welt.

Die Menschen versuchen mit unterschiedlichen Mitteln, den Schmerzen und Enttäuschungen des Lebens zu entfliehen. Manche suchen das Glück in Vergnügungsstätten oder in sinnlichen Freuden. Viele wenden sich Drogen oder Alkohol zu. All diese Fluchtwege können vielleicht im Augenblick oder vorübergehend ein bisschen Glück bringen, doch sie sind keine Heilmittel. Denn wir müssen trotzdem zurückkehren und uns den Problemen des Lebens stellen. Einige dieser Fluchtwege erzeugen sogar eine bestimmte Sucht oder sind schädlich. In diesem Zeitalter des wissenschaftlichen Fortschritts fragen wir uns, ob es einen Weg gibt, dauerndes Glück in dieser Welt zu finden. Ist Erfüllung möglich oder ist sie nur ein Traum?

Viele der bedeutendsten Denker, Philosophen, Heiligen, Mystiker und Religionsgründer haben ihr Leben lang nach dauerhaftem und ewigem Frieden und Glück gesucht. Lesen wir die Schriften der Heiligen und Mystiker verschiedener Zeiten, dann stellen wir fest, dass sie aussagen, wahres Glück und wahrer Friede liegen in uns selbst.

Seit einigen Jahren kommen mehr und mehr Menschen zum selben Schluss wie die Heiligen und Mystiker der Vergangenheit. Meditation wird als Weg erforscht, Frieden und Glück in sich selbst zu finden. Wissenschaftliche Studien bestätigen, dass Meditation unser körperliches und mentales Wohlbefinden verbessern kann. Neben der positiven Wirkung auf Körper und Gemüt hilft sie uns, Spiritualität zu entwickeln. So kann uns Meditation in den physischen, mentalen und spirituellen Bereichen des Lebens helfen.

Meditation wird von Ärzten und Spezialisten als Behandlungsmethode für eine Vielzahl stressbedingter Leiden wie Herzerkrankungen, Atmungsschwierigkeiten und Magenprobleme beschrieben. Eine medizinische Studie von Dr. John L. Craven, veröffentlicht in der kanadischen Zeitschrift für Psychiatrie, stellt fest:»Kontrollierte Studien ergaben ein dauerhaftes Nachlassen von Angst bei Meditierenden … Einige stressbedingte Zustände zeigten Verbesserungen während klinischer Versuche mit Meditation, z. B. bei nervösen Spannungszuständen, bei Schlaflosigkeit, Asthma, chronischen Schmerzen, Herzrhythmusstörungen oder bei Phobien.« (Meditation and Psychotherapy, Canadian Journal of Psychiatry, Bd. 34 S. 648–653, Oktober 1989).

Viele Kliniken und medizinische Zentren bieten seit einiger Zeit Kurse in Meditation an, um den Patienten zu helfen, ihren Gesundheitszustand zu verbessern. Meditation hilft dem Körper auf verschiedene Art. Zuerst versetzt sie uns in einen entspannten Zustand. In einer anderen Studie stellt Dr. Ilan Kutz fest:

»Während die Fähigkeit zu meditieren zunimmt, entwickelt sich eine Hierarchie von Empfindungen, die von tiefer Entspannung bis zu auffälligen emotionalen und kognitiven Veränderungen reichen … Die veränderten physiologischen Mechanismen, durch die sich die Emotionen und Kognitionen (Erkenntnisvermögen) verändern, werden noch nicht vollständig beschrieben ... Viele dieser peripheren Veränderungen werden von einer verringerten Erregung des sympathischen Nervensystems begleitet ... Diese peripheren physiologischen Veränderungen sind erwiesenermaßen wertvoll als primäre oder zusätzliche Behandlung bei einer Vielzahl medizinischer Störungen, wie bei Bluthochdruck und Herzrhythmusstörungen, und verursachen Erleichterung bei Angstzuständen und Schmerzen.« (»Meditation and Psychotherapy«, American Journal of Psychiatry, Bd. 142, S. 1–8, Januar 1985).

In der Meditation vergessen wir den Körper und unsere Gliedmaßen und unser Körper entspannen sich vollständig. Wenn wir ganz konzentriert sind, verlieren wir sogar jedes Bewusstsein von Schmerz oder Unbehagen in unserem Körper. Je mehr Zeit wir in Meditation verbringen, desto länger bleibt unser Körper entspannt. Es heißt, dass eine Stunde vollkommener Konzentration bei der Meditation vier Stunden Schlaf entspricht. Nehmen wir uns also in unserem geschäftigen Leben Zeit für die Meditation, so wirkt dies wie einige Stunden Schlaf. Wir kommen mit erneuerter Kraft und Vitalität aus der Meditation zurück.

Meditation wird auch eingesetzt, um eine Vielzahl von Problemen zu verringern, die die Menschen mental und emotional beeinflussen. Obwohl uns die Wissenschaft hilft, unser materielles Umfeld zu bewältigen, befinden sich viele in Situationen, die sie nicht beherrschen. Wir stellen fest, dass die Menschen viele Probleme haben, die ihre zwischenmenschlichen Beziehungen betreffen: Ängste, Depressionen, Ärger, Furcht, Mangel an Selbstvertrauen und eine Vielzahl emotionaler Zustände quälen sie. Ein großer Teil der Bevölkerung nimmt Alkohol und verschiedene Drogen, um sich die mentalen und emotionalen Sorgen zu erleichtern. Meditation ist eine Lösung, die sicher, wirksam und dauerhaft ist.

In der Meditation kommen wir mit einer göttlichen Kraft in Verbindung. Diese Kraft manifestiert sich als liebevolles Licht. Wenn wir mit diesem Licht in uns in Verbindung kommen, erfahren wir tiefen Frieden, Seligkeit und Glück, wie wir sie in dieser Welt nicht finden können. Wir leben so viel Freude in uns, dass wir diesen Zustand nicht verlassen wollen. Das Schöne an der Meditation ist, dass diese innere Glückseligkeit weiter anhält, auch wenn wir unsere täglichen Aktivitäten wieder aufnehmen.

Meditation beseitigt die Probleme des Lebens nicht, doch wir betrachten sie aus einem neuen Blickwinkel. Es gibt eine lehrreiche Geschichte aus dem Leben Akbars des Großen aus Indien. Akbar war ein Kaiser und hatte einen Hof von Beratern. Der weiseste seiner Berater war Birbal. Eines Tages stellte Akbar seine Berater vor ein Problem, um zu sehen, wer es lösen konnte. Er zog mit dem Stock eine Linie in den Sand und fragte, wer diese Linie verkürzen könne, ohne irgendeinen Teil von ihr zu berühren. Die Berater kratzten sich am Kopf und wussten nicht, was sie tun sollten. Sie konnten sich nicht vorstellen, wie man eine Linie verkürzen sollte, ohne etwas wegzureiben und ohne sie zu berühren. Doch Birbal ging nach vorne, nahm den Stock und zog eine längere Linie parallel zur ersten, so dass diese kürzer aussah.

Meditation bietet eine ähnliche Lösung für die Probleme des Lebens. Sie löst sie nicht auf, doch sie ermöglicht einen neuen Blickwinkel, eine neue Perspektive. Sie erhebt uns über die Bereiche der physischen Welt, so dass wir Regionen des Friedens und Glücks betreten können. Die Verbindung zu dieser inneren Glückseligkeit ist so erfüllend, dass wir die Probleme dieser Welt nicht länger im selben Licht sehen. Sie zerplatzen wie Seifenblasen. Wir tragen diese innere Berauschung mit uns und können in sie eintauchen, wann immer wir wollen. Dieses innere Glück hilft uns, unsere Schmerzen und Sorgen zu vergessen. Wir sehen, dass es im Leben mehr gibt als die physische Welt. Wenn wir erkennen, dass unser Leben in dieser Welt nur ein vorübergehender Aufenthalt von 50, 60 oder 100 Jahren ist, dass es ein Leben im Jenseits und eine höhere Wirklichkeit gibt, scheinen uns die Probleme des Lebens nicht mehr so stark zu berühren. Uns wird bewusst, dass die kleinen Empfindlichkeiten anderer Menschen, die Schwierigkeiten, die uns im Beruf, zu Hause oder mit den

Nachbarn belästigen, vorübergehende Stürme sind. Wir wissen, dass es einen Bereich mit blauen, klaren Himmeln und strahlendem Licht gibt, das über den Wolken scheint.

Auf einer anderen Ebene hilft uns die Meditation, unsere Konzentrationsfähigkeit und unsere Effektivität auch in weltlichen Bereichen zu erhöhen. Wenn wir regelmäßig meditieren, wird es uns zur Gewohnheit, unsere Aufmerksamkeit zu kontrollieren. Wir können diese dann gezielt auf alles Mögliche richten, auf unser Studium, unsere Karriere, auf den Sport, auf die Kunst oder darauf, bestimmte Probleme zu lösen. Wir lernen, uns auf eine Sache zu einer bestimmten Zeit zu konzentrieren. Dieses konzentrierte Bemühen hilft uns, auf einem bestimmten Gebiet Großes zu leisten, denn Erfolg auf einem gewissen Gebiet ist nur das Ergebnis konsequenter Anstrengung und konzentrierter Aufmerksamkeit. Solche Qualitäten entwickeln wir, wenn wir unseren Meditationen regelmäßig nachkommen. So verbessert sich neben all den physischen und mentalen Vorteilen der Meditation auch unser weltliches Umfeld durch den wachsenden Erfolg, den wir im weltlichen Leben haben.

Traditionell war Meditation schon immer das Mittel, um sich spirituell zu entwickeln. Ob man es Konzentration, Inversion, Gebet oder Meditation nennt, jede Religion und jede Philosophie spricht von der Meditation als Weg, durch den wir Wissen über unsere Seele und über die göttliche Kraft in uns erlangen. Über die Zeitalter hinweg hat sich die Menschheit Fragen gestellt wie: Wer sind wir? Woher kommen wir? Wohin gehen wir, wenn wir sterben, und gibt es dort einen Gott? Sowohl die Wissenschaft als auch die Religion haben versucht, diese Fragen zu beantworten. Durch den Vorgang der Meditation erlangen wir ein experimentell bestätigtes Wissen vom Jenseits und erhalten so Antwort auf diese Fragen.

Durch Meditation sind wir in der Lage, unsere Seele vom Körper zu trennen und ins Jenseits zu reisen. Wir wissen, dass Menschen, die Nah-Tod-Erfahrungen hatten, beim klinischen Tod ihres Körpers durch einen Tunnel gegangen sind. Sie kamen in eine Region des Lichts und begegneten einem strahlenden Lichtwesen. Von diesem Wesen ging so viel Liebe aus, so viel Mitgefühl und Frieden, wie sie es niemals zuvor in ihrem physischen Leben erfahren hatten. Sie erkannten, dass es eine Existenz gibt, die ihren physischen Körper überdauert. Durch Meditation können wir dieselbe Erfahrung gewinnen, aber ohne den klinischen Tod zu erleiden. Wir können uns leicht, sanft und mühelos über den Körper erheben und die Regionen der Glückseligkeit, des Lichts und der Schönheit im Jenseits erfahren und unsere eigene Unsterblichkeit entdecken.

Indem wir die inneren Reiche erkunden, erfahren wir, was nach dem Tode geschieht. Die spirituelle Reise beginnt gerade da, wo die Nah-Tod-Erfahrungen enden. Wir entdecken die Schönheit, die Liebe und den ewigen Frieden in uns selbst. Wenn wir einmal diese höhere Wirklichkeit sehen, erkennen wir diese Welt als ein nur vorübergehendes Zuhause. Wenn wir unsere Seele vom Körper trennen, verlieren wir die Furcht vor dem Tod. So wissen wir, dass uns höhere Regionen erwarten und der Tod nicht das Ende unserer Existenz ist.

Meditation hilft uns, inneren Frieden zu erlangen. Wenn unsere Seele mit dem jenseitigen Licht in Verbindung kommt, werden wir von vollständiger Ruhe und Zufriedenheit erfüllt. Wir sind mit uns selbst in Frieden und sorgen uns nicht um Probleme. Dieser Frieden strahlt auf alle aus, die mit uns in Verbindung kommen. So werden wir zu einer Quelle der Freude und Inspiration für andere – für unsere Familienmitglieder, unsere Freunde und Verwandten, unsere Mitarbeiter, unsere Gesellschaft und die ganze Welt.

Einer der Vorteile, inneren Frieden zu erlangen, ist, dass dieser zum äußeren Frieden in der Welt beiträgt. Wenn wir uns über unseren physischen Körper erheben und uns selbst als Seele erfahren, sehen wir, dass alle anderen Wesen auch Seele sind. Wir sehen, dass dasselbe Licht, das in uns ist, in jedem ist. Wir beginnen zu erkennen, dass wir alle Seele, ein Teil Gottes, sind. Wir sind alle Mitglieder einer Familie. Wenn wir unsere grundlegende Gemeinsamkeit sehen, entwickeln wir Liebe für alle. Wenn wir andere lieben, als wären sie Mitglieder unserer eigenen Familie, wollen wir ihnen helfen. Wir wollen niemanden leiden sehen. So werden wir gewaltlos und friedvoll. Wir sorgen uns um alle Lebewesen und um unsere Mitmenschen. Dann haben wir auch einen positiven Einfluss auf die Menschen, mit denen wir zu tun haben.

Wenn jeder Mensch inneren Frieden durch Meditation erlangen und Liebe für alle entwickeln könnte, würde es nicht lange dauern, bis auf unserem Planeten Frieden herrschte. Wir würden in Einigkeit und Harmonie miteinander leben. Wenn wir also persönlich Frieden und Glück erlangen, tragen wir so zu einem goldenen Zeitalter des Friedens und Glücks auf Erden bei.

2. Spirituelle Bewusstheit erreichen

Wenn sich unser Blick für das Licht des heraufdämmernden neuen Jahrtausends öffnet, sehen wir Perspektiven neuer Wirklichkeiten vor uns. Die Welt, die wir vor uns sehen, ist gegenüber der gestrigen ganz anders. Die Veränderungen in unserer Weltanschauung sind viel dramatischer als die Veränderungen, die die Technologie mit sich brachte. Die Wissenschaft hat unser Weltbild erweitert. Es reicht von den kleinsten subatomaren Teilchen zum strahlenden Licht, das von entfernten Quasaren ausgeht. Das Universum wird nicht länger als feste Materie gesehen, sondern als tanzende Pakete ständig wirbelnder Energie. Unser Weltbild hat sich vom Glauben allein in das, was wir mit unseren fünf Sinnen wahrnehmen können, zu der Erkenntnis verschoben, dass es mehr gibt, als wir mit unseren physischen Augen sehen können.

Die Wissenschaft betritt heute Bereiche, die früher verboten waren, um Dimensionen zu erforschen, die mit gewöhnlichen Instrumenten nicht gemessen werden können. Wissenschaftler werden sich über die Existenz von Phänomenen klar, die mit veralteten wissenschaftlichen Lehrbüchern in ihrer beschränkten Sichtweise nicht erklärt werden konnten. Indem sie entdecken, dass es Dimensionen jenseits der physischen gibt, ändern sie unseren Begriff von Wirklichkeit. Zeitschriften veröffentlichen viele Beiträge mit Hypothesen über den Ursprung unseres Universums, über schwarze Löcher minimaler Größe, die enorme Energie enthalten, über die Möglichkeit, das Weltall an einem Punkt zu verlassen und in einer weit entfernten Galaxie wieder aufzutauchen. Was früher Material für Science-Fiction-Autoren war, ist nun die Basis seriöser Untersuchungen.

Neben der Erforschung des äußeren Weltalls erkunden die Wissenschaftler heute den inneren Raum. Es gibt Ärzte, die von Nah-Tod-Erfahrungen berichten, in denen Menschen klinisch tot waren, jedoch wieder belebt wurden. Viele von ihnen berichten, dass sie in der Zeit, in der sie für tot erklärt waren, den Körper verließen und bemerkten, dass sie im Raum schwebten und auf ihren physischen Körper herabblickten. Sie konnten durch das Krankenhaus schweben. Oft sahen sie ihre Verwandten im anderen Zimmer und lauschten ihren Gesprächen. Eine bemerkenswerte Anzahl von Menschen erlebte, wie sie durch einen Tunnel in eine Region des Lichts aufstiegen, wo sie einem gütigen, strahlenden Wesen begegneten. Sie erfuhren dabei einen phantastischen Frieden und ein transzendentales Glück, das sie nur schwer verlassen konnten. Sogar Kinder, die nach einem klinischen Tod wiederbelebt wurden, beschrieben die gleiche Erfahrung. Die Anzahl der Menschen, die solche Nah-Tod-Erfahrungen hatten, war so groß und die Beschreibungen waren so auffallend ähnlich, dass es Ärzte und Wissenschaftler schwer haben, die Möglichkeit zu ignorieren, dass wir mehr als unser physischer Körper sind. Alle, die eine solche Erfahrung erlebten, kamen zu demselben Schluss: Es gibt ein Leben nach dem jetzigen Leben.

Diese Entdeckungen werden durch die Erfahrungen der Mystiker aller Zeitalter bestätigt. Was dem westlichen Geist neu erscheint, war im Osten durch die Jahrhunderte weithin bekanntes Wissen. In jeder Religion finden wir Berichte über ähnliche Erfahrungen, bei denen das Bewusstsein vom physischen Körper getrennt ist. Wir finden außergewöhnliche Beschreibungen höherer Bewusstseinszustände in verschiedenen Religionen. Im Hinduismus finden wir die uralte Geschichte einer Frau namens Savitri, welcher der Tod den Ehemann entriss. Es heißt, Savitri hätte ihren Körper verlassen, den Todesengel festgehalten und ihn angefleht, ihren Mann dem Leben zurückzugeben. Die Kraft ihrer Liebe war so stark, dass ihr Mann wieder lebendig wurde. Das Tibetanische Totenbuch beschreibt den Weg der Seele, die diese Welt verlässt, sehr genau. Der Islam schildert im Detail die Regionen des Himmels, der Hölle und des Fegefeuers (ahraf), wohin die Seele geht, wenn ihre physische Existenz zu Ende ist. Im Christentum haben wir das Buch der Offenbarung, das eine

Fülle an Beschreibungen von Regionen jenseits dieser Welt enthält. In der Kabbala des Judentums wird eine Kosmogonie höherer Ebenen beschrieben.Studiert man den Kern der Religionen genauer, wird eine Fülle an mystischen Erfahrungen enthüllt, die Heilige und mystische Adepten beschreiben. Jeder von ihnen hat zu seiner Zeit seine Schüler gelehrt, das physische Bewusstsein zu transzendieren und die spirituellen Reiche zu erforschen.

Spirituelle Bewusstheit ist unser Geburtsrecht. Es ist die höchste Errungenschaft, die wir in diesem Leben erreichen können. Vielleicht waren wir bisher der Meinung, dass ein solcher Zustand das Monopol der Heiligen sei. Doch die Versuche der modernen Wissenschaftler und Mystiker bestätigen, dass der Durchschnittsmensch ebenfalls spirituelle Bewusstheit haben kann. Die Schritte zur spirituellen Bewusstheit sind einfach. Unbegrenzte Freude, Glück und innerer Frieden erwarten uns, wenn wir die Freiheit, die Heiterkeit und das Wunder der Erleuchtung entdecken, die wir erfahren, wenn wir spirituelle Bewusstheit erreichen.

Was ist spirituelle Bewusstheit? Es ist die Bewusstwerdung von Seele und Gott in uns. Die meisten sind sich ihres Körpers bewusst, der Gedanken, die uns durch den Kopf gehen und der Welt, die uns umgibt. Dies nennt man Körperbewusstsein oder physisches Bewusstsein. Doch wir sind mehr als Körper und Gemüt. Tatsächlich sind wir Seele, eine bewusste Wesenheit, die den Körper bewohnt. Die Seele ist ein Teil der Überseele, ob wir sie Gott, Schöpfer, Allah, Wah-i-Guru oder Paramatma nennen. Sie ist vom selben Wesen wie Gott. Die Seele ist das, was den Körper belebt. Wenn die Seele den Körper zum Zeitpunkt des Todes verlässt, stirbt der Körper. Doch die Seele stirbt nicht. Sie ist unsterblich. Gerade so wie Menschen, die klinisch tot waren, eine weitergehende Existenz außerhalb ihres Körpers erlebten, so wird jeder von uns weiterhin existieren, auch nach dem Tod unserer sterblichen Hülle. Diese Bewusstheit auf der Ebene der Seele, unabhängig von Körper und Gemüt, wird spirituelle Bewusstheit genannt.

Wir müssen nicht bis zu unserem physischen Ende warten, um zu wissen, wie es ist, das Leben auf der Ebene der Seele wahrzunehmen. Es ist eine Erfahrung, derer sich viele zu Lebzeiten erfreuten und die jedem Menschen zugänglich ist. Wir können in den Schriften verschiedener Religionen von Menschen lesen, die spirituelle Bewusstheit erfuhren. Buddha erlangte die Erleuchtung unter dem Bodhi-Baum. Der Heilige Paulus sagte: »Ich lebe, doch nicht ich, sondern Christus lebt in mir.« Baha'ullah, der mystische Heilige aus Persien, sagte: »O Sohn aus Staub! Horche auf die mystische Stimme, die aus dem Reich des Unsichtbaren ruft … Erhebe dich aus deinem Gefängnis, steige zu den prächtigen Wiesen nach oben auf und von deinem sterblichen Käfig schwinge dich auf deinem Flug in das Paradies der Ortslosen!«

Diese Erfahrungen sind nicht auf Menschen des Altertums beschränkt. Jeder, der sie selbst erleben möchte, kann dies tun und für sich selbst die Wirklichkeit der Seele überprüfen. Die Schritte zur spirituellen Bewusstheit sind einfach und können von Menschen aller Religionen, aller Nationalitäten und aller Berufe praktiziert werden. Die Methode ist allen zugänglich, die die Schätze ihrer Seele und das unendliche Bewusstsein, die Freude, den Frieden und das Glück entdecken wollen, die in ihnen schlummern.

Der erste Schritt zu spiritueller Bewusstheit ist, die Kunst der Meditation zu lernen. Der nächste ist, eine persönliche Transformation zu erreichen, so dass man ein Leben in der Welt führen kann, das die spirituelle Bewusstheit erhöht. Dies umfasst einen Lebensstil, der unser Bewusstsein in der Seele zentriert hält, während wir unseren weltlichen Verpflichtungen und Verantwortungen nachkommen. Es bedeutet, spirituelle Eigenschaften zu entwickeln, wie Gewaltlosigkeit, Wahrhaftigkeit, Reinheit, Demut und Bescheidenheit und selbstloses Dienen. Schließlich führen innerer Frieden und persönliche Transformation zu äußerem Frieden in der Welt. Indem wir inneren Frieden erlangen, können wir einen positiven Beitrag zu menschlicher

Einheit, universaler Liebe und zur Verbesserung allen Lebens auf diesem Planeten leisten.

Meditation ist die Methode, die zu allen Zeiten angewandt wurde und uns hilft, uns wieder mit unserer Seele zu identifizieren. Sie ist der Vorgang, unsere Aufmerksamkeit von der äußeren Welt und dem Körper weg nach innen zu lenken und uns auf das Tor zu konzentrieren, das in spirituelle Dimensionen führt. Unsere Seele kann Eingang in dieses innere Königreich finden. Wenn wir uns mit unserem wahren Wesen identifizieren, können wir inwendig Bereiche voller Wunder durchqueren. Wir entdecken den Reichtum spiritueller Regionen, in denen ein Wissen vorherrscht, von dem die moderne Wissenschaft nur träumen kann. Spirituelle Bewusstheit ist in der Tat All-Bewusstheit. Es ist Wissen von allem, was es zu wissen gibt. Es ist, als würde man sich in ein Meister-Computer-Netzwerk einloggen, in dem alles Wissen gespeichert ist. Durch Meditation gewinnen wir Zugang zu dieser grenzenlosen Quelle der Weisheit.

3. Meditation auf das innere Licht und den inneren Frieden

Wenn wir die Ideen überprüfen, die in den unerfüllbaren Träumen der heutigen Menschheit liegen, gewinnen wir Einblick in das, was die Möglichkeiten von morgen werden könnten. Das technologische und wissenschaftliche Wissen nimmt mit schwindelerregender Geschwindigkeit zu und so ist die Zukunft näher, als wir denken.

Die Wissenschaft sucht in ihrem Bemühen, die Dimensionen des Weltraumes zu erkunden, nach Antworten auf die Frage nach dem Ursprung der Schöpfung. Auf ihrer Suche muss sie unvermeidlich die Grenzen der Naturwissenschaften überschreiten und einen Bereich betreten, der früher nur Mystikern, Philosophen und erleuchteten Heiligen vorbehalten war. Wissenschaftler akzeptieren heute die Grenzen der gegenwärtigen wissenschaftlichen Methoden und bemühen sich, die Zeit rückwärts zu gehen, um zu verstehen, was vor dem theoretischen Urknall geschah, der unser Universum in Gang brachte. Viele Physiker wandten sich dem Osten zu, um die Möglichkeit von Bereichen der Existenz jenseits des physikalischen Universums zu erkunden. Ein Blick auf die New-Age-Physik offenbart eine Generation von Wissenschaftlern, die versuchen herauszufinden, ob es tatsächlich Universen gibt, die gleichzeitig mit unserem Universum existieren.

Während diese Ideen hartgesottenen Skeptikern weit hergeholt erscheinen mögen, öffnet sich eine zunehmende Anzahl von Menschen für den Gedanken, dass in der Schöpfung mehr vor sich geht, als das physische Auge sehen kann.

Die Geschichte zeigt, dass sich das visionäre Denken von Wissenschaftlern und Philosophen der Vergangenheit, die von ihren Zeitgenossen verspottet wurden, heute bewahrheitet. Vor Hunderten von Jahren, als Leonardo da Vinci seine Ideen einer Flugmaschine skizzierte, dachten die Leute, es sei mehr ein

»Flug seiner Imagination« als sonst etwas. Als die Filmstudios in der ersten Hälfte des letzten Jahrhunderts Abenteuerfilme über Raumschiffreisen mit Überschallgeschwindigkeit produzierten, wurden diese für Science-Fiction gehalten. Wenn früher Träumer bestimmte Maschinen entwarfen, die für den Menschen »denken« konnten, wurden diese als Zukunftsvisionen angesehen, die einmal Wirklichkeit werden konnten oder vielleicht auch nicht. Doch heute sehen wir, dass Flugzeuge, Raumschiffe und Computer nicht länger wissenschaftliche Fiktionen, sondern wissenschaftliche Tatsachen sind.

Die moderne Menschheit hat die Lektion gelernt, dass alles möglich ist.

Während die Wissenschaft danach forscht, was nach diesem Leben geschieht, gibt es einen anderen Wissenschaftsbereich, der erforscht, ob gegenwärtig höhere Bereiche der Existenz erreicht werden können. Durch die Wissenschaft der Spiritualität sind die Menschen aktiv damit beschäftigt, andere Bereiche der Existenz zu erkunden. Spirituelle Lehrer, Heilige und Mystiker haben eine Technik entwickelt, mit der man die physischen Begrenzungen dieses Universums überschreiten kann, um höhere Reiche von Bewusstheit zu entdecken. Wenn sie sich auf höhere Bewusstseinsbereiche beziehen, meinen sie nicht etwa Zustände von Alpha-, Beta oder Thetagehirnwellen. Sie beziehen sich nicht auf veränderte Bewusstseinszustände, die durch bewusstseinsverändernde Drogen induziert werden. Sie beziehen sich auf tatsächliche Orte und Bereiche, zu denen wir reisen können, indem wir diese beschränkte physische Ebene durch eine Methode übersteigen, die als Meditation auf das innere Licht und den inneren Ton bekannt ist. Durch Meditation kann man höhere Ebenen erforschen und die Wahrheit ihrer Existenz selbst bestätigen.

Meditation ist ein Vorgang, bei dem wir unsere Aufmerksamkeit von der äußeren Welt und dem Körper zurückziehen und am Punkt zwischen und hinter den Augenbrauen konzentrieren. Indem wir unsere Aufmerksamkeit dort sammeln, kommen wir mit einem Strom von Licht und Klang in Verbindung, der uns von unserem physischen Bewusstsein in ein höheres Bewusstsein, ins Jenseits führt.

Licht und Klang

Ich möchte gerne mit Ihnen teilen, was die großen Heiligen, Mystiker und spirituellen Lehrer über das Licht und den Klang Gottes und die jenseitigen Regionen sagten, und dann die Meditationsmethode beschreiben, die sie benutzten, um dorthin zu gelangen. Diese spirituelle Wissenschaft ist nicht neu, sondern liegt im Kern jeder Religion. Hinweise auf Licht und Klang und die jenseitigen Reiche finden wir in den Schriften aller großen Religionen.

Im Sikhismus sagt Guru Nanak:
Alles Wissen und alle Meditation entsprang Dhun,
dem Prinzip von Licht und Klang.
Doch was das ist, trotzt jeder Definition.

Der Sufi-Mystiker Maulana Rumi sagt:
Sich über den Horizont erheben,
den göttlichen Melodien lauschen,
der Prophet pflegt dies wie jede andere Aufgabe.

Der muslimische Mystiker Shah Niaz sagt:
O Gott, führe mich zu dem Ort, von dem aus das
unaussprechliche Kalma ohne Worte fließt.

Jede Religion hat zwei Seiten: Die exoterischen oder äußeren Lehren und die esoterischen oder inneren Lehren. Die esoterische Seite befasst sich mit der Erforschung des Jenseits. Heilige und verschiedene Religionsgründer reisten selbst in höhere Bereiche und brachten ihren Anhängern die Methode bei, nach innen zu gehen. Mit der Zeit gingen die esoterischen Lehren, die gewöhnlich mündlich vom Lehrer an den Schüler weitergegeben wurden, verloren. Nur die äußeren Lehren, die allegorische Hinweise auf die innere Seite geben, blieben erhalten. Zu allen Zeiten gab es erleuchtete Seelen, die die esoterischen Lehren wiederbelebten und weitergaben. Jeder von ihnen beschrieb die innere Reise. Die Sprache, in der sie sprechen, unterscheidet sich, die Erfahrungen jedoch, die sie beschreiben, sind dieselben.

Guru Arjan Dev sagt:
Die alles durchdringende Musik spielt überall.
Im Herzen von allem fließt die göttliche Musik.

Im Johannesevangelium der Bibel steht:
Das Licht scheint in der Finsternis, doch die Finsternis hat's
nicht begriffen. (Joh. 1, 5)

Im Alten Testament heißt es:
Dein Wort ist meines Fußes Leuchte und ein Licht auf meinem
Wege. (Psalm 119, 105)

Kabir sagt:
Die wohlklingende Trompete an deinem Eingang klingt in der
Mitte meiner Stirn.

Mohammed sagt:
Die Stimme Gottes kommt an mein Ohr wie jeder andere Laut.

Guru Nanak sagt:
Im himmlischen Licht und aus ihm kommt Bani oder der Ton.
Und er bringt die Seele in Einklang mit dem wahren Herrn.

Dieses Licht und dieser Klang sind die kreative Schwingung, die von Gott ausging und die die ganze Schöpfung ins Sein brachte. Die Religionen beziehen sich mit verschiedenen Namen darauf.

In den alten Hindu-Schriften wird es *Nad, Udgit, Anhad Shabd, Jyoti* oder *Sruti* genannt.

In der Hansa-Naad-Upanishade steht geschrieben:
Meditation auf Nad oder das Tonprinzip ist der Königsweg zur Erlösung.

Die Buddhisten nennen es das Tönende Licht. Im Tibetanischen Totenbuch (Bardo Thodol), herausgegeben von Dr. W.Y. Evans-Wentz (London, 1957) heißt es:
O Edelgeborener, wenn dein Körper und dein Gemüt sich trennen, musst du einen flüchtigen Blick auf die reine Wahrheit erfahren haben. Fein, sprühend, hell, blendend, ruhmreich und strahlend Ehrfurcht einflößend, in der Erscheinung wie eine Fata Morgana, die sich im Frühling über die Landschaft bewegt, in einem fortwährenden Strom von Vibrationen. Sei davon weder entmutigt noch erschreckt noch von Angst erfüllt. Es ist der Glanz deiner eigenen wahren Natur. Erkenne sie. Aus der Mitte dieses Glanzes wird der natürliche Ton der Wirklichkeit kommen, der wie tausend Donnerschläge, die gleichzeitig ertönen, widerhallt. Das ist der natürliche Klang deines eigenen wirklichen Selbst. Sei dadurch weder entmutigt noch erschreckt noch von Angst erfüllt.

Die griechischen Philosophen nannten es Logos oder die Musik der Sphären. In der Bibel wird es das Wort genannt:
Im Anfang war das Wort und das Wort war bei Gott und Gott war das Wort. (Joh. 1,1)

In den Psalmen heißt es:
Durch das Wort Gottes wurden die Himmel gemacht und all ihre Bewohner ...
Er sprach und es war getan; Er befahl und es geschah.«
(Psalm 33, 6, 9)

Die Mohammedaner nennen es Kalma. Hazrat Bahu sagt:
Alle wiederholen Kalma mit den Worten des Mundes, nur
selten eine Seele mit der Zunge der Gedanken.
Wer damit geistig in Verbindung ist, kann es kaum in Worten
beschreiben.

Die Sufis nennen es *Baang-e-Asmani, Bang-e-Ilahi* oder
Saut-e-Sarmadi.

Die Anhänger von Zoroaster sprechen von *Sarosha* oder
dem Kreativen Verb:
Ich veranlasse die Anrufung des göttlichen Sarosha
(des Worts), das das größte aller Geschenke für die
spirituelle Hilfe ist.

Die Sikhs nennen es *Naam* oder *Shabd.* Im *Jap Ji* heißt es:
Es gibt eine Wirklichkeit, die Unoffenbartes offenbart;
Immer-seiend, Er ist Naam (bewusste Seele);
Der Schöpfer durchdringt alles;
Ohne Furcht, ohne Feindschaft;
Der Zeitlose, der Ungeborene und der
Selbst-existierende, vollständig in sich selbst.

Licht und Klang sind die kreative Kraft, die die verschiedenen
Regionen ins Dasein gebracht hat. Sie erschuf das physische Universum, die Erde, die Menschen und alle anderen Lebensformen.
Diese Kraft Gottes, die von Ihm ausging, kehrt auch zu Ihm zurück. Wenn sich die Seele an den Punkt zurückzieht, der als Sitz
der Seele bekannt ist, kann sie mit Licht und Klang durch die
höheren Ebenen reisen, zurück zu ihrem Ursprung, in die rein
spirituellen Bereiche. Der Vorgang, durch den die Seele mit dem
Licht- und Klangstrom in Verbindung gebracht wird, der in uns
widerhallt, wird Meditation genannt.

Mit dem Licht durch Aufmerksamkeit in Verbindung kommen

Der Grund, weshalb wir das innere Licht und den inneren Ton nicht bemerken, ist unsere Aufmerksamkeit. Der äußere Ausdruck der Seele ist als Aufmerksamkeit bekannt. Augenblicklich ist sie über den ganzen Körper verstreut und geht aus diesem durch die fünf Sinne in die Welt hinaus, durch Sehen, Hören, Riechen, Schmecken und Tasten. Wir müssen unsere Aufmerksamkeit von der äußeren Welt zurückziehen und am Sitz der Seele sammeln, der zwischen und hinter den Augenbrauen liegt. In verschiedenen Schriften wird dieser Punkt das Einzelauge, das Dritte Auge, das zehnte Tor oder das wan dwar, divya chakshu oder ajna chakra genannt. Meditation, rein und einfach, ist das Zurückziehen unserer Aufmerksamkeit von der äußeren Welt und ihre Sammlung am dritten Auge. Das ist der Punkt, auf den wir unsere Aufmerksamkeit konzentrieren, um das innere Licht zu sehen und den himmlischen Ton zu hören.

Einige Yogaformen beschäftigen sich damit, die Körperfunktionen zu kontrollieren. Wir haben in unserem Körper zwei verschiedene Arten von Strömen, die durch unseren Körper fließen, die motorischen und die sensorischen Ströme. Die motorischen Ströme halten uns am Leben, indem sie die unwillkürlichen Körperfunktionen kontrollieren, wie das Wachstum von Nägeln und Haaren, die Atmung und den Blutkreislauf. In der Meditation auf das innere Licht und den inneren Klang übt man keine Kontrolle über die motorischen Ströme aus, um den Körper zu transzendieren. Die motorischen Ströme fließen von selbst weiter, so dass der Ablauf, durch den wir in dieser Welt überleben, nicht beeinträchtigt wird. Stattdessen ziehen wir die sensorischen Ströme zurück. Es sind diejenigen, die uns die fünf Sinne bewusst machen, nämlich Sehen, Hören, Schmecken, Riechen und Fühlen. Durch diese Sinne genießen wir es, etwas Schönes zu sehen, harmonische Töne zu hören, wohlriechenden

Duft wahrzunehmen, etwas Gutes zu schmecken und angenehme Empfindungen durch den Tastsinn zu haben.

Wenn wir unsere sensorischen Ströme von der äußeren Welt zurückziehen und am Augenbrennpunkt sammeln, können wir mit dem inneren Auge und dem inneren Ohr sehen und hören und in die inneren Bereiche reisen.

Das ist derselbe Prozess, durch den wir zum Zeitpunkt des Todes gehen. Wenn jemand stirbt, werden zuerst seine Füße taub. Dann breitet sich die Taubheit über die Beine und den Rumpf aus. Schließlich sammelt sich seine Seele am Augenbrennpunkt. Zum Zeitpunkt des Todes drehen sich die Augen nach oben und dann nach unten. So sammelt sich die Seele und verlässt den Körper. In der Meditation auf das innere Licht und den inneren Ton ist der Ort der Konzentration das Dritte Auge, da es das höchste Chakra im Körper ist. Es ist der Punkt, von dem aus die Seele zum Todeszeitpunkt den Körper verlässt.

Es gibt sechs Chakren oder Zentren im Körper. Das Guda Chakra befindet sich am Beginn der Wirbelsäule oder dem Rektum. Das Indri Chakra befindet sich nahe den Fortpflanzungsorganen. Das Nabhi Chakra ist in der Nähe des Nabels angesiedelt. Das Hirday Chakra ist in der Nähe des Herzens. Das Kanth Chakra befindet sich nahe der Kehle. Das Ajna oder Aggya Chakra ist als das Dritte Auge oder das zehnte Tor bekannt und befindet sich zwischen und hinter den beiden Augenbrauen. Da die Seele in der Meditation durch alle diese Chakren hindurch muss, konzentrieren wir uns auf den höchsten Punkt, das letzte Chakra, das die Seele passieren muss, wenn sie den Körper verlässt. Wenn das Leben so kurz ist und wir nur eine begrenzte Zeit zur Verfügung haben, warum sollte man diese damit verbringen, die niederen Chakren zu erreichen und dann von einem zum nächsten gehen, wenn wir genauso gut direkt zum höchsten Punkt gehen können. So sollten wir mit unserer Konzentration am höchsten Punkt beginnen, damit wir das Ziel schneller erreichen.

Meditation ist in Wirklichkeit ein Vorgang der Konzentration. Dafür braucht man keine Asanas oder schwierigen

Haltungen einzunehmen. Sie ist so einfach und natürlich, dass sie von kleinen Kindern genauso geübt werden kann wie von älteren Menschen, von Gesunden genauso wie von jemandem, der eine körperliche Behinderung hat. Jeder Mensch kann durch den einfachen Vorgang der Meditation Zugang zu den inneren Reichen haben.

Anmerkung für den Leser: In jedem der folgenden Kapitel befinden sich Übungen, die helfen, das im Buch Beschriebene im täglichen Leben umzusetzen.

Übung

Sitze ruhig und beobachte deine Aufmerksamkeit. Nimmst du deinen Körper und seine Empfindungen wahr? Nimmst du deine Umgebung wahr? Nimmst du andere Menschen wahr? Bist du dir deiner Gedanken bewusst?
Vergegenwärtige dir, dass das Wahrnehmen deines Körpers, deiner Umgebung und deiner Gedanken »Körper-Bewusstsein« genannt wird.
Nun sitze wieder ruhig und sammle deine Aufmerksamkeit am Einzelauge oder Dritten Auge. Versuche, dort gesammelt zu bleiben, ohne deinen Körper, deine Umgebung und deine Gedanken wahrzunehmen. Beobachte, wie lange du dein Gemüt von ablenkenden Gedanken freihalten kannst. Dies ist der erste Schritt in der Meditation oder Konzentration. So beginnst du, deine Aufmerksamkeit von der Welt an den stillen Ort des Dritten Auges zurückzuziehen. Im nächsten Kapitel wirst du die Praxis der Meditation kennenlernen.

4. Meditationsanleitung

Erster Schritt: Eine Zeit und einen Ort für die Meditation finden

Am besten ist es, eine Zeit und einen Ort für die Meditation zu wählen, wo wir durch unsere Umgebung am wenigsten abgelenkt werden, wo wir nicht durch Telefonanrufe gestört werden und wo Ruhe in der Atmosphäre herrscht. Deshalb wird die Zeit zwischen drei und sechs Uhr morgens empfohlen. Im Osten wird diese Zeit »amrit vela« oder »Brahm mahulab« genannt, weil es die ruhigste Zeit des Tages ist. Doch heutzutage, in unserem Zeitalter, ist das keine Notwendigkeit. Wir können zu jeder Zeit meditieren, in der wir nicht gestört werden. Wenn wir unsere Konzentrationsfähigkeit entwickeln, sollten wir auch in der Lage sein, selbst in einer lauten Umgebung zu meditieren. Doch ist es anfangs sicher empfehlenswert, an einem Platz zu sitzen, an dem es ruhig ist, an dem kein Telefon läutet und auch sonst nichts geschieht. Wenn wir einmal unsere innere Reise vollendet haben, dann können wir meditieren, wo immer wir wollen. Doch es ist jedenfalls eine Hilfe, wenn die Umgebung auf die Meditation hinführt.

Wir sollten nur zu Zeiten meditieren, in denen wir hellwach sind. Versuchen wir zu meditieren, wenn wir gerade von der Arbeit heimgekommen und müde sind, besteht die Gefahr, dabei einzuschlafen. Deshalb sollten wir eine Zeit wählen, die für uns am besten geeignet ist, eine Zeit, in der wir hellwach und entspannt sind.

Am wichtigsten ist es, immer dann zu meditieren, wenn wir die richtige Zeit und den richtigen Ort für uns finden.

Zweiter Schritt:
Eine bestimmte Haltung einnehmen

Wir sollten in einer Haltung sitzen, die für uns am bequemsten ist. Das kann überall in unserem Heim sein. Wir müssen unser Haus oder unsere Wohnung nicht verlassen, um zu meditieren. Meditation kann überall ausgeübt werden. Wir können auf einem Stuhl sitzen, auf dem Boden, auf einem Sofa, mit gekreuzten Beinen oder mit ausgestreckten Beinen. Man kann in jeder beliebigen Haltung sitzen. Man kann sogar im Stehen oder im Liegen meditieren. Die Hauptsache ist, dann zu meditieren, wenn wir eine für uns bequeme Haltung eingenommen haben. Das Einzige, was von uns erwartet wird, ist, dass wir in dieser von uns gewählten Haltung längere Zeit still sitzen können. Bevor das Gemüt zur Ruhe kommen kann, muss der Körper zur Ruhe kommen. Wir sollten sicher sein, dass wir in der gewählten Haltung bewegungslos bleiben können, ohne hin und her zu rutschen oder ohne uns zu kratzen. Wer aus körperlichen Gründen nicht sitzen kann, kann sogar liegen. Allgemein wird Liegen aber nicht empfohlen, weil es zum Schlafen verführt.

Welche Haltung wir auch wählen, wir sollten nirgends im Körper verspannt sein, sondern ganz entspannt dasitzen. Und wenn wir diese Haltung einmal eingenommen haben, sollten wir sie während der ganzen Meditationssitzung nicht mehr verändern; wir sollten körperlich völlig ruhig bleiben.

Dritter Schritt: Konzentration

Wenn wir einmal eine Haltung eingenommen haben, sollten wir unsere Augen ganz sanft schließen, wie wenn wir uns zum Schlafen begeben, und uns auf das konzentrieren, was vor uns liegt. Auf den Augen sollte kein Druck sein. Sie sollten so entspannt sein, wie sie es sind, wenn wir schlafen gehen. Da es nicht die physischen Augen sind, mit denen wir die inneren Bereiche sehen, gibt es keinen Grund, die Augen nach oben zu drehen, in der Hoffnung, dort etwas zu sehen. Wir sollten uns auch nicht auf die Stirne konzentrieren. Stattdessen sollten wir unsere Augäpfel horizontal halten, als würden wir geradeaus schauen.

Wenn wir die Augen nach oben drehen, fühlen wir einen kleinen Druck auf der Stirne, der zwei Probleme zur Folge haben kann: Wir könnten Kopfschmerzen bekommen oder wir könnten an dieser Stelle Hitze erzeugen, wodurch unsere Stirne heiß werden würde. Dadurch werden wir veranlasst, uns zu bewegen oder aufzustehen, um etwas zu tun oder um uns abzukühlen. Das unterbricht die Meditation. Deshalb müssen wir unsere Aufmerksamkeit einige Zentimeter vor uns sammeln.

Wenn wir die Augen schließen, werden wir zunächst Dunkelheit sehen. Es ist unser inneres Auge, das diese Dunkelheit sieht. Mit dem inneren Auge sollten wir liebevoll und sanft, aber intensiv auf das schauen, was vor uns liegt. Wir sollten entspannt, doch aufmerksam sein, als würden wir auf einen Bildschirm blicken und darauf warten, dass der Film beginnt. Während dieses Vorgangs kümmern wir uns weder um die äußere Welt noch um das, was im Körper unten geschieht. Stattdessen versuchen wir, uns nach innen zu wenden, um die inneren Welten zu erreichen.

Vierter Schritt: Die Gedanken zur Ruhe bringen

Haben wir die Augen einmal geschlossen und die Aufmerksamkeit vor uns gesammelt, wird das Gemüt unsere Aufmerksamkeit mit Gedanken ablenken. Unser Gemüt ist wie Quecksilber, immer rastlos und in Bewegung. Wir beginnen, über all unsere Probleme nachzudenken. Wir denken an die Vergangenheit, wir denken an die Gegenwart und wir denken an die Zukunft. Es kann unsere Gedanken auf die Arbeit, auf unsere Familie oder auf unsere Freunde lenken. Das Gemüt kennt viele Wege, wie es uns von der Meditation und davon ablenken kann, etwas über unsere Seele und Gott zu erfahren.

In unserem Körper wohnen Seele und Gemüt. Das Gemüt ist ein mächtiges Wesen, dessen Hauptziel es ist, die Seele im Körper zu halten, so dass sie die inneren Regionen nicht erreichen kann. Das Gemüt versucht, unsere Aufmerksamkeit in der physischen Welt zu halten. Es unternimmt alles, um uns davon abzuhalten, sich über den physischen Körper zu erheben und zu Gott zurückzukehren. Das Gemüt lässt uns fortwährend an unsere Probleme in der Arbeit oder zu Hause denken. Es beschäftigt uns ständig damit, Pläne für die Zukunft zu schmieden. Wir müssen uns vergegenwärtigen, dass die Seele unser wahres Selbst ist. Sie ist der Teil von uns, der vom selben Wesen wie Gott ist. Leider wurden wir von Gott getrennt. Wenn wir uns bewusst machen, dass unsere Seele von Gemüt und Körper verdeckt ist, und verstehen, dass es die Rolle des Gemüts ist, uns davon abzuhalten, unsere Seele zu erkennen, werden wir eher in der Lage sein, unser Gemüt zur Ruhe zu bringen.

Um vollkommene Konzentration zu erreichen, müssen wir in einem Zustand ohne Gedanken sein. Wenn wir etwas denken, ob positiv oder negativ, ist es für uns immer schlecht, soweit es die Meditation betrifft. Gedanken sind wie Ketten. Die eisernen Ketten sind unsere schlechten Gedanken. Wenngleich gute Gedanken wie goldene Ketten sind, so bleiben sie doch Ketten. Gute Gedanken sind daher ebenfalls eine Ablenkung und helfen uns nicht bei der Meditation.

Fünfter Schritt: Konzentration auf das innere Licht und den inneren Klang

Wir müssen das Licht in uns entdecken. Es ist wie bei einer Glühbirne: Wenn man vier oder fünf Decken darüber legt, wird man ihr Licht nicht mehr sehen. Bei der Konzentration, der Meditation, versuchen wir, eine dieser Decken nach der anderen zu entfernen. Wir versuchen, nach innen zu gehen, so dass wir das Licht in uns sehen können. Wenn wir einmal sehen, welche Festbeleuchtung innen ist, wollen wir von selbst immer mehr davon sehen und immer in diesem Zustand verweilen. Ähnlich werden wir das Glück, das in der Verbindung mit dem inneren Licht liegt, nicht schätzen, wenn wir es nicht erlebt haben. Doch wenn wir einmal nach innen gehen, sehnen wir uns mehr und mehr nach dieser Glückseligkeit.

Es gibt zwei Meditationsübungen. Die erste ist die der Konzentration auf das innere Licht. Bei dieser Übung werden fünf heilige Namen ständig in Gedanken wiederholt – wir nennen das »Simran«. Dabei blicken wir in das Feld der Dunkelheit vor uns. Wir sollten nicht an die äußere Welt denken, nicht an den Körper und auch nicht an den Vorgang des Zurückziehens. Wir sollten uns nicht um unseren Atem kümmern, dieser sollte vielmehr wie gewohnt weitergehen, wie wenn wir lesen, studieren, arbeiten oder uns bewegen. Wenn wir unseren alltäglichen Beschäftigungen nachgehen, denken wir auch nicht an den Atem. Ähnlich sollte dieser auch in der Meditation automatisch weitergehen.

Unsere Aufgabe ist es, still und ruhig zu sitzen und liebevoll in die Dunkelheit zu blicken, die vor uns liegt. Wenn wir das tun, wird sich die Aufmerksamkeit von selbst am Augenbrennpunkt sammeln. Das erfordert keine Mühe, im Gegenteil, jede Anstrengung, die wir unternehmen, jeder Gedanke, sich zurückziehen zu wollen, wird sich störend auf den Vorgang auswirken, denn es bedeutet, dass unser Denken wieder aktiviert ist. Wir sollten einfach nur fortfahren, die heiligen Namen zu wiederholen und nach vorne zu blicken.

Es gibt innen unendlich viele Ausblicke und Visionen. Wenn sich der Sinnesstrom zurückzieht, vergessen wir unseren Körper. Wenn wir vollständig im Augenbrennpunkt gesammelt sind, werden wir zunehmend von dem Feld absorbiert, das vor uns liegt. Wir werden einige Lichtblitze sehen oder Licht in verschiedenen Farben; doch wir sollten fortfahren, mit voller Aufmerksamkeit in die Mitte dessen zu blicken, was vor uns liegt. Schauen Sie mit Bedacht und dringen Sie tief ein, um herauszufinden, was dort ist. Unsere Aufgabe ist es, liebevoll und eindringlich in das zu schauen, was vor uns liegt, was es auch sei, und nicht, uns um irgendetwas anderes im Körper zu kümmern. Wir sollten vollkommen auf das konzentriert sein, was vor uns liegt. Wenn wir uns dann mehr und mehr konzentrieren, stabilisieren sich die Lichter und wir können rotes, weißes, grünes, blaues, violettes, purpurnes, gelbes, orangefarbenes oder goldenes Licht oder auch Lichtblitze sehen. Was wir auch sehen, wir sollten uns auf dessen Mitte konzentrieren.

Wenn wir mehr meditieren und unsere Aufmerksamkeit konzentrierter wird, können wir innen sehen. Wir können die inneren Sterne, den Mond und die Sonne erblicken. Wenn wir aufmerksam in die Mitte dessen schauen, was wir sehen, wird uns die Kraft Gottes über die physische Ebene hinaus in die höheren Bereiche führen.

Die zweite Meditationsübung ist, auf den inneren Klang zu hören. Wir konzentrieren unsere Aufmerksamkeit auf den Sitz der Seele und lauschen auf den inneren Ton- oder Klangstrom. Dieser Klang ist die Kraft Gottes, Naam oder das heilige Wort, das die ganze Schöpfung ins Sein brachte. Die Seele ist vom gleichen Wesen wie Gott und der Klangstrom. Deshalb wird sie, wenn sie die göttliche Melodie hört, von dieser magnetisch angezogen. Sie kann dann auf dem Tonstrom durch die höheren Regionen reisen.

Sechster Schritt: Die Reise in die höheren Regionen

Wenn wir vom inneren Licht, das wir in der Meditation sehen, und vom inneren Klang, den wir in der Meditation hören, mehr absorbiert werden, übersteigen wir die physische Ebene und betreten die astrale Region. Wir lassen die physische Welt der Materie zurück und finden ein Gebiet mit mehr Bewusstheit vor. Hier reisen wir in einer Hülle, die als Astralkörper bekannt ist. Es ist ein ätherischer Körper. Die astrale Welt ist voller Schönheit und wunderbarem Licht und Klang.

Wenn wir die astrale Region durchquert haben, betreten wir die kausale Region. Diese Region ist noch ätherischer. Sie besteht zu gleichen Teilen aus Materie und Bewusstheit. In dieser Region legen wir unseren Astralkörper ab und reisen in unserem Kausalkörper.

Wir gehen noch weiter und betreten die suprakausale Region. Jede Region hat immer höheres Licht und immer höhere himmlische Klänge und Glückseligkeit. Die suprakausale Region hat mehr Bewusstheit und nur noch wenig Täuschung. In der suprakausalen Region wird der Kausalkörper zurückgelassen, und unsere Seele ist nur noch mit einer dünnen Hülle bedeckt. Auf dieser Ebene werden wir uns als Seele bewusst. Wir sehen, dass die Seele so hell ist wie zwölf äußere Sonnen. Es ist die Ebene, auf der wir »Sohang« oder »Das bin ich« oder »Aham Brahm Asmi« verwirklichen. Wir erkennen, dass wir vom selben Wesen wie der Schöpfer sind. Zuletzt erreichen wir die Region, von der die Kraft Gottes ausgeht, die spirituelle Region, die als Sach Khand, Muquam-i-Haq oder als das wahre Reich bekannt ist. Es ist die rein spirituelle Region allen Lichts und aller Glückseligkeit, in der alle Hüllen, die die Seele umgeben, abgeworfen werden. In dieser Region gibt es keine Spur von Materie mehr. Hier taucht unsere Seele in den Ozean der Allbewusstheit ein, in die Überseele, die Quelle, aus der sie kam. Der Wassertropfen verschmilzt mit dem Ozean und wird zum Ozean. Der Lichtstrahl verschmilzt mit der Sonne und wird zur Sonne.

Auf jeder Stufe der Reise erleben wir immer größere Wellen spiritueller Glückseligkeit, die die Seele durchdringen. Die Hüllen, die unsere Seele bedecken, werden eine nach der anderen abgestreift, bis wir unseren ursprünglichen Zustand wieder erreicht haben. Auf jeder Stufe denken wir, wir hätten den höchsten Zustand von Entzückung erreicht, nur um festzustellen, dass uns die nächste mit noch größerer Ekstase erfüllt. Das höchste Glück ist, wenn unsere Seele wieder mit Gott, ihrem Schöpfer, verschmilzt. Das ist die Stufe, die wir alle erreichen müssen, um ewigen Frieden und ewiges Glück zu verwirklichen. Diese Vereinigung unserer Seele mit dem Schöpfer schenkt uns eine Freude und eine Glückseligkeit, die für immer bei uns bleiben. Wenn wir diese höheren inneren Stufen der Glückseligkeit erreichen, erhalten wir ein göttliches Geschenk, das uns bei all unseren Problemen im täglichen Leben hilft. Wir können diese Quelle der Göttlichkeit erschließen, wann immer wir wollen. Die Glückseligkeit und die Freude, die wir während der Meditation erfahren, bleiben auch noch nach der Meditation bei uns. Es ist eine Quelle der Liebe und des Friedens, die wir immer, wenn wir wollen, anzapfen können. Die Erfahrung ist so mächtig und erfüllt uns so tief, dass sie uns hilft, sich über die Leiden und Sorgen des Lebens zu erheben. Was uns auch im Leben widerfahren mag, wir haben dann eine Quelle des Nektars in uns, von der wir jederzeit trinken können. Das ist der Segen, den wir durch Meditation erreichen können.

Übungen für die Praxis

Lies das Kapitel noch einmal, um die Technik der Meditation zu verstehen. Such dir einen ruhigen, bequemen Ort und übe die Meditation. Beginne mit 15 Minuten und erweitere diese mit der Zeit auf 30 Minuten täglich.
Wenn du mehr Übung hast, dehne die Meditationszeit auf ein oder zwei Stunden aus. Führe ein Tagebuch über deine Erfahrungen.

5. Wahres Glück erwartet uns innen

Die Geschichte berichtet vom großen Prinzen Siddhartha, den wir heute als Buddha, den Erleuchteten, kennen. Er hatte alles, was man sich im Leben wünschen kann: Er war ein Prinz, lebte in einem königlichen Palast, hatte großen Reichtum, eine schöne Frau und Kinder. Sein Vater versuchte, eine Prophezeiung zu verhindern, wonach sein Sohn der Königswürde entsagen und sich einem spirituellen Leben zuwenden würde. Er hielt ihn sicher im Palast, damit er schließlich doch König werden würde. Eines Tages aber gelang es Siddhartha, sich außerhalb der Palastmauern zu wagen. Er war geschockt von dem, was er sah. Sein Vater hatte ihm das Wissen vorenthalten, dass die Menschen krank und alt werden und sterben. Seine Reise durch das Königreich offenbarte ihm die Schrecken des Lebens. Zum ersten Mal sah er Menschen, die an Krankheiten und am Alter litten und schließlich starben. Er erkannte, dass das ganze Leben Leiden ist und dass alle weltlichen Wünsche zu Schmerz und Unglück führen. Durch diese Offenbarung begann er die Suche nach Frieden und Glück, welche nicht vorübergehend, sondern ewig sind.

Die Suche nach Glück in der Welt

Heute suchen wir alle nach Frieden und Glück. Dieses Streben ist allgegenwärtig. Schließlich trachtet niemand danach, unglücklich zu sein! Die Menschen wollen auf verschiedenen Wegen Freude finden. Die einen suchen sie in Wohlstand und Besitz, die anderen in Ruhm und Ehre, wieder andere in weltlichen Beziehungen. Viele gehen weltlichen Vergnügungen nach und gehen beispielsweise ins Kino, hören Musik, besuchen kulturelle Veranstaltungen, sehen fern oder geben sich sinnlichen Vergnügen hin. Andere erfreuen sich am Sport, aktiv oder als Zuschauer. Es gibt auch Personen, die Anregung durch Drogen und Alkohol suchen.

Wenn wir all das analysieren, sehen wir, dass es uns nicht das Glück bringt, was es verspricht. Wir können eine Zeitlang Glück finden, doch der Verlust eines unserer Besitztümer oder eines Verwandten bringt unsäglichen Schmerz und Leid. Wenn unser Auto beschädigt wird, beklagen wir unser Schicksal. Wenn unser Haus durch einen Brand zerstört wird, haben wir das Gefühl, wir hätten alles Wichtige im Leben verloren. Wenn wir Millionäre sind und plötzlich Bankrott gehen, sind wir so entmutigt, dass wir sogar an Selbstmord denken. Wenn wir krank sind und nicht tun können, was wir normalerweise tun, sind wir frustriert und unzufrieden. Wenn wir unsere Arbeit verlieren, werden wir depressiv. Und wenn einer unserer Lieben stirbt, ertrinken wir in Kummer. Das Glück, das wir genossen, während wir unser Geld, unseren Besitz, unsere Vertrauten und Lieben noch hatten, wendet sich durch deren Verlust zu tiefem Elend. Zu einem bestimmten Zeitpunkt entdecken wir, dass das Glück in der äußeren Welt eine vorübergehende Täuschung ist. Alles in dieser Welt muss vergehen. Schließlich müssen wir auch unserem eigenen physischen Ende ins Auge schauen und alles, was uns lieb ist, zurücklassen.

Das hartnäckige Streben nach äußerem Glück ist mit zahlreichen Rückschlägen verbunden. Sogar die Mittel, die wir benutzen, um unsere Ziele zu erreichen, schaffen Qual und Leid. Wenn wir auf irgendein Ziel losschießen, versuchen uns die fünf Spieler Ärger, Lust, Habsucht, Verhaftung und Ego zu blockieren. Diese fünf Leidenschaften spielen ihre Rolle, um uns unsere Freuden mit mannigfachem Kummer zu verderben. Wenn wir z. B. versuchen, ein Ziel zu erreichen, sei es ein Haus zu kaufen oder an die Spitze unseres Vereins zu gelangen, werden wir durch diese fünf Leidenschaften von verschiedenen Schwierigkeiten geplagt. Wir ärgern uns, wenn uns jemand in unserem Bemühen, unser Ziel zu erreichen, behindert. Uns beunruhigt, wenn uns jemand Hindernisse in den Weg legt und uns nicht in unserem Streben unterstützt. Lust äußert sich als intensiver Wunsch, das zu bekommen, was wir wollen. Sie überrascht manchmal sogar unsere Fähigkeit der Vernunft. Wir werden getrieben, unser Ziel sogar auf Kosten anderer Faktoren zu erreichen. Auch Habsucht weckt in uns einen hässlichen Geist. Wenn wir genug Geld für ein bescheidenes Auto haben, werden wir habsüchtig und wollen einen extravaganteren Kauf tätigen, auch wenn wir es uns nicht leisten können. Wir opfern das Geld, das wir für die Ausbildung unseres Kindes gespart haben, um das Auto zu bezahlen. Um unsere habsüchtigen Wünsche zu realisieren, sind wir vom Wunsch nach Geld so besessen, dass manche sogar zu unehrenhaften Mitteln greifen, um Geld zu bekommen. So entsteht Verhaftung an weltliche Dinge. Wir geben dem gewünschten Objekt die oberste Priorität. Ist es ein Besitz, setzen wir alles dafür ein, Geld dafür auszugeben, – sogar auf Kosten anderer Bedürfnisse im Leben. Hängen wir an einem Möbelstück, sind wir sogar bereit, wegen Beschädigungen, die ein kleines Kind diesem zufügt, die zarten Gefühle des Kleinen zu verletzen, nur um das schöne leb- und gefühllose Objekt zu schützen. Schließlich kommt das Ego ins Spiel und wir prahlen vor allen mit dem, was uns gehört. Wir glauben, durch einen Kauf etwas Großes erreicht zu haben. Wir blicken auf andere herab und kritisieren die, die weniger besitzen. Haben wir unsere Wünsche erfüllt, uns z. B. ein Haus, ein Boot, ein Flugzeug oder irgendetwas anderes gekauft, sind wir dann wirklich glücklich? Dabei richteten wir möglicherweise die Beziehung zu unserer Familie zugrunde, wurden von Hindernissen gequält, die uns vielleicht in den Weg gekommen sind und haben unsere ethischen Prinzipien geopfert.

Auch unsere weltlichen Beziehungen erleiden das gleiche Schicksal. Als junge Erwachsene sehnen wir uns nach einem Gefährten, um ihn zu heiraten. Haben wir uns erst einmal jemanden in den Kopf gesetzt, werden wir auf jeden ärgerlich, der dem Zusammensein mit dieser Person im Wege steht. Wir bauen uns das Bild einer vollkommenen Beziehung auf und werden sogar auf die Menschen, die wir lieben, wütend, wenn sie nicht unseren Erwartungen entsprechend leben. In unseren Beziehungen werden wir auch von Lust und Habsucht geplagt. Dann entwickeln wir einen Anspruch, der so stark sein kann, dass wir besitzergreifend und eifersüchtig werden, wenn die Menschen, die wir lieben, uns nicht jeden Augenblick in unserem Leben ihre ganze Aufmerksamkeit widmen. In einer solchen Beziehung verursacht das Ego Machtkämpfe. Die fünf Leidenschaften enden in zermürbenden Diskussionen, und mit der Zeit kann sich die Beziehung verschlechtern. Diese Probleme finden wir in allen Beziehungen zwischen zwei Menschen. Was mit Anziehung und tiefer Liebe begann, kann aufgrund von Ärger, Lust, Habsucht, Verhaftung und Ego über die Jahre entarten, deshalb vermag ein Eheversprechen möglicherweise den negativen Kräften der Welt nicht widerstehen.

Haben wir das Objekt unseres Verlangens erhalten, sind wir stündig bemüht, es zu bewahren. Wenn wir das Glück darin suchen, unseren Reichtum zu vermehren, geht das nicht ohne Schwankungen. Die Aktienmärkte sind ständig großen Schwankungen unterworfen. Die Wirtschaft bewegt sich von Inflation zu Rezession und zur Depression. Manchmal erhalten wir eine gute Stelle, manchmal sind wir vorübergehend ohne Arbeit oder werden entlassen. Besitz kann gestohlen oder Opfer von Flammen, Stürmen, Überflutungen oder Vulkanausbrüchen werden. Die Elemente Feuer, Luft, Wasser oder Erde können unsere Besitztümer fordern. Wenn eine solche Katastrophe über uns kommt, leiden wir unter dem Verlust des Objekts, als würde ein Teil von uns zerstört. Wir freuen uns vielleicht an unseren Beziehungen. Doch früher oder später müssen wir ihren unvermeidlichen Verlust durch den Tod erfahren. So bringt uns genau das Objekt oder die Person, das oder die uns das Glück bringen sollte, den Schmerz des Verlusts.

Das ist der Lauf der Welt. Wenn wir auf die Realitäten des Lebens schauen, fragen wir uns, ob es überhaupt eine Hoffnung gibt, wirkliches Glück in der Welt zu finden. Und wenn es existiert, wie können wir es finden?

Wie man ewiges Glück findet

Zuerst müssen wir analysieren, was Glück ist. Man kann es als einen Zustand von Freude, Frieden und Liebe definieren. Andere halten es für Abwesenheit von Sorgen, Schmerz oder Leiden. Wenn wir die vielen Wege betrachten, wie Menschen versuchen, Glück zu erlangen, erkennen wir, dass alles im Leben, was uns Freude bereitet, potentiell Leid enthält. Wenn die weltlichen Freuden wegfallen, sind wir Schmerz und Qual ausgesetzt.

Zu allen Zeiten sagten uns die großen Lehrer, Weisen, Heiligen und Philosophen der Welt, dass es wahres Glück gibt. Doch es liegt nicht in dieser Welt. Es kann nur innen gefunden werden. Wenn wir es außen suchen, werden wir immer enttäuscht sein. Wenn wir in dieser Welt nach Vollkommenheit suchen, werden wir sie nicht finden. Jeder Diamant hat einen Fehler, jede Schönheit einen Makel. Das ist der Grund, weshalb die Menschen, wenn sie das Objekt ihrer Wünsche erhalten, wieder neue Wünsche entwickeln. Wir kaufen etwas oder eine nützliche Kleinigkeit und wollen bald etwas anderes. In vielen Ländern wechseln die Menschen sogar die Ehepartner, einmal, zweimal, dreimal und vielleicht noch öfter. Wir bewegen uns von einer Aktivität zur nächsten und denken, sie würde uns die Erfüllung bringen, nach der wir uns sehnen. Solange wir in die Ränke der falschen Juwelen der äußeren Welt verflochten sind, werden wir uns in diesem Rad der Enttäuschung drehen. Wir haben vergessen, dass uns das wahre Juwel innen erwartet. Wahres Glück liegt nicht außen; wahres Glück liegt innen.

Es gibt nur eine Quelle des Glücks, die beständig ist, die nicht durch Wind, Feuer, Wasser oder Erde zerstört werden kann. Sie kann uns nicht genommen werden, weder zu unseren Lebzeiten noch bei unserem Tod. Das einzig beständige Glück ist Gott. Manche Mystiker des Ostens nennen Gott »sat-chit-ananda«. Diese Worte bedeuten nacheinander übersetzt Wahrheit, Bewusstheit und Glückseligkeit. Die meisten von uns würden Gott in Wechselwirkung mit ewiger Wahrheit sehen. Wir würden auch denken, dass der göttliche Schöpfer allbewusst, allwissend und allmächtig ist. Im Westen bringen wir Ihn jedoch selten mit göttlicher Glückseligkeit in Verbindung. Doch Mystiker aller Religionen, die über ihre Erfahrungen mit Gott berichten, berühren gerade diesen Punkt. Mehr als von ihrer Erfahrung der göttlichen Weisheit sind sie von der transzendentalen Ekstase ergriffen, die sie erleben, wenn ihre Seele mit Gott verschmilzt. Im Christentum quellen die Schriften der Heiligen Theresa oder des Heiligen Johannes vom Kreuz über von Verweisen auf das Entzücken und die göttliche Ekstase. Moslemische Mystiker und Sufi-Mystiker drücken in ihrer Dichtung immer wieder das Glück der Vereinigung der Seele mit Gott aus. Die Erfahrung von unauslöschlichem Glück ist nicht nur auf die Heiligen und Mystiker der Vergangenheit beschränkt. Was sie erfahren haben, können auch wir erfahren. Das Geheimnis ist, die Glückseligkeit in uns selbst zu finden.

Solange wir das Glück in der Welt suchen, werden wir enttäuscht sein, denn alle Materie unterliegt dem Verfall und der Zerstörung. Nur Gott ist ewig. Alle Schriften sagen, dass Gott in uns ist. Es stellt sich nun die Frage, wie wir Ihn finden können.

Heilige und Mystiker waren in der Lage, Gott in sich zu verwirklichen und teilten ihr Wissen mit der Menschheit. Sie beschreiben uns, was Gott ist und wie man mit Ihm in Verbindung kommen kann. Nach ihrer Aussage ist Gott ein Meer von Licht, Liebe und Bewusstheit. Er ist das Alpha und das Omega aller Existenz. Er wurde nie erschaffen, noch kann Er zerstört werden. Er ist alles, was ist.

Die Seele ist ein Tropfen Seines Wesens. Ihre wahre Natur ist also auch »sat-chit-ananda«, »Wahrheit, Bewusstheit und Glück«. Jeder von uns ist tatsächlich ein Tropfen dieser glückseligen Bewusstheit. Nur wenn wir uns mit unserem wahren Selbst identifizieren, werden wir zu wandelnden Tropfen des Glücks auf Erden. Auf der Suche nach dem Ozean wandeln wir auf dieser wüsten Erde umher und welken immer mehr dahin. Wir müssen uns vergegenwärtigen, dass in uns ein Reservoir erfrischenden Wassers ist. Wenn wir uns mit unserem wahren Wesen identifizieren können, werden wir in einem erhabenen Zustand des Glücks leben.

Unwissenheit ist kein Glück

Wie kommt es, dass so viele Menschen unglücklich, deprimiert und elend sind, da doch diese Ekstase in uns ist? Es heißt, Unwissenheit sei Glück. Doch in diesem Fall ist Unwissenheit kein Glück. Die Menschen sind sich dessen nicht bewusst, dass ihr wahres Wesen tief innen versteckt ist. Es ist von Gemüt, Körper und der Welt verdeckt.

Um den Grund unserer Unwissenheit zu verstehen, können wir uns auf die Lehren erleuchteter Mystiker und Heiliger beziehen, deren Worte in den verschiedenen Schriften erhalten sind. Sie erklären, dass am Anfang der Ozean der Wahrheit, Bewusstheit und Glückseligkeit, den wir als Gott bezeichnen, die Schöpfung ins Sein brachte und Teile von sich selbst trennte, die Seelen genannt werden. Diese Seelen wurden ausgeschickt, um die verschiedenen Regionen der Schöpfung zu bewohnen. Sie hatten Gottes Natur. Wenn sie die physische Welt betreten, nehmen sie Körper und Gemüt an. Da die Seele Geist ist, braucht sie einen physischen Körper und ein physisches Gemüt, in dem sie wirken und mit der physischen Welt in Verbindung treten kann. Der Plan war, dass die Seele die herrschende Kraft innerhalb von Gemüt und Körper sein sollte. Doch leider geschah das Gegenteil. Die Seele identifizierte sich so mit dem Körper und dem Gemüt, dass sie sich selbst vergaß. Das Gemüt ist eine mächtige Kraft und liebt das Vergnügen. Es wird leicht von den Versuchungen der äußeren Welt angezogen. Der Sirenenruf der Welt zieht die Sinne zu schönen Anblicken, süßen Klängen, lieblichen Düften, delikaten Geschmäckern und verführerischen Empfindungen. Die Sinne ziehen die Seele in die äußere Welt, und das Gemüt nimmt die Seele mit sich, um die weltlichen Attraktionen zu genießen. Mit der Zeit schließlich vergisst die Seele, verloren im Spiel der Welt, ihre wahre Natur. Sie ist auf die Welt konzentriert anstatt auf ihr wahres Wesen, auf Wahrheit, Bewusstheit und Glück.

Ein Kind kommt in Reinheit und Unschuld auf die Welt. Schauen wir in seine Augen, finden wir diese voller Liebe und Glück. Ein Kind strahlt so viel Freude aus, dass wir uns in seiner Gegenwart wohl fühlen. Doch von dem Augenblick an, in dem ein Kind zur Welt kommt, wird es mit weltlichen Ablenkungen überschüttet. Das Kind ist von Geburt an von Spielzeug, hängenden Mobiles, Rasseln und Musik umgeben. Es beginnt, die kleine Welt um sich herum zu erkunden. Wächst es heran, wird es entsprechend der Kultur, in der es lebt, erzogen. Seine Schulung ist vorwiegend körperlich und intellektuell. Langsam verliert es den Kontakt mit seiner Reinheit und seinem wahrem Wesen. Wie die Erwachsenen wird es in die Welt verstrickt und vergisst sich selbst als Seele. Je mehr wir uns mit Körper und Gemüt identifizieren, umso mehr Zeit verbringen wir mit Dingen, die unsere körperlichen und intellektuellen Bedürfnisse befriedigen.

Wachsen wir heran, bringt man uns bei, wie wichtig unsere körperliche und mentale Entwicklung ist. Wir beginnen zu glauben, dass das Glück nur darin liegt, sich auf diesen beiden Gebieten zu entwickeln. Das Leben wird zur Hetzjagd, weil wir versuchen, unsere körperlichen Bedürfnisse nach Nahrung, Kleidung, Schutz und Annehmlichkeiten zu stillen, Hand in Hand mit sinnlichen Freuden, Besitz und Liebe. Wir verbringen die Zeit damit, unseren Intellekt zu entwickeln, indem wir eine gute Erziehung anstreben, die zu einer lohnenden Karriere führt. Wir beschäftigen uns mit Hobbys und Zeitvertreib, die unserem Gemüt Freude bereiten. Auf der Suche nach Glück stillen wir unsere emotionalen Bedürfnisse nach Liebe und Freundschaft durch die Beziehungen zu unseren Familien, Freunden und Menschen, die wir lieben. Wir suchen nach einem Lebensgefährten, heiraten schließlich und gründen eine Familie. Wir können lange in unserem Gedächtnis forschen, um herauszufinden, ob man uns jemals lehrte, dass das Glück in uns selbst liegt. Es war die Rolle der spirituellen Adepten, Heiligen und Mystiker, uns für das Reservoir des glückspendenden Nektars, der in uns sprudelt, zu erwecken.

Vom inneren Glück trinken

Es ist leicht, dieses Reservoir zu erschließen. Es ist nur eine Sache der Aufmerksamkeit. Wir können unsere Aufmerksamkeit lenken, wohin wir wollen. Wir können sie auf unseren Körper richten. Wir können sie auf unser Gemüt lenken. Wir können unsere Aufmerksamkeit auf unsere Seele konzentrieren. Leider haben wir von Kindheit an gelernt, uns auf Körper und Gemüt zu konzentrieren. Natürlich haben es unsere Sinne leicht, durch Augen, Ohren, Nase, Mund und Haut in die Aktivitäten der Welt verwickelt zu werden. Unsere Eltern und Lehrer zeigten uns nie, wie wir uns auf unsere Seele konzentrieren können. Hätten sie das getan, wären wir jetzt darin geübt, die Quelle von Bewusstheit und Glück, die in uns liegt, anzuzapfen.

Es ist die Aufgabe der spirituellen Lehrer, uns anzuleiten, die Aufmerksamkeit auf die Seele zu richten. Diesen einfachen Vorgang können wir von einem Adepten lernen, so dass wir das reine Glück unseres wahren Wesens erfahren können. Wir nennen diesen Vorgang Konzentration oder Sammlung unserer Aufmerksamkeit am Augenbrennpunkt. Doch die populärste Bezeichnung ist Meditation.

Meditation ist einfach. Einer der großen spirituellen Lehrer dieses Jahrhunderts, Sant Kirpal Singh, sagte immer, es ist wie eine Schublade schließen und eine andere öffnen. Während der Meditation legen wir nur unsere Gedanken an die Welt und unsere Probleme in eine Schublade und schließen sie. Dann öffnen wir die Schublade der Meditation und konzentrieren uns darauf.

Meditation ist die Sammlung der Aufmerksamkeit am Sitz der Seele, der zwischen und hinter den Augenbrauen liegt. Wenn wir für eine Weile damit aufhören können, unsere Aufmerksamkeit auf unsere äußeren Augen und Ohren zu richten, und sie am Sitz der Seele konzentrieren können, gelangen wir zur Quelle des Glücks und der Freuden an, die auf uns warten.

Sich jeden Tag zwei Stunden am Augenbrennpunkt zu konzentrieren, hilft unserer Aufmerksamkeit, sich vom Körper zurückzuziehen. Gewöhnlich sind unsere Sinnesströme, die uns die Empfindungen dieser physischen Welt vermitteln, im ganzen Körper verteilt. Wenn wir uns am Sitz der Seele sammeln, ziehen sich die Sinnesströme allmählich von den Gliedmaßen zurück; sie ziehen sich von unseren Füßen und Beinen in den Rumpf zurück. Schließlich sind wir ganz am Sitz der Seele konzentriert. Einmal an diesem Punkt angelangt, öffnet sich für uns eine Schau göttlichen Lichts und himmlischen Klangs. Wir sind Zeugen des Lichts und des Klangs, die seit der Dämmerung der Schöpfung von Gott ausgingen. Wie ein Fluss fließt dieser Strom von Gott aus durch alle Regionen. Er kehrt auch zu Ihm zurück, und wenn unsere Seele mit diesem Fluss in Verbindung kommt, kann sie auf ihm zurück zur Quelle reisen.

Die Reise beginnt am Dritten Auge. Wenn wir unsere Aufmerksamkeit dort sammeln, beginnt die Seele ihre Reise zur letztendlichen Quelle des Glücks. Das ist Meditation.

Gott und die Seele sind ewig. Sie sind allbewusst, reine Glückseligkeit und in einem fortwährenden Zustand des Glücks. In diesem Stadium zerstreut sich alles Wünschen und Begehren nach den Dingen dieser Welt. Unsere weltlichen Wünsche werden bedeutungslos, wenn wir plötzlich unerwartet die Freude im Inneren erfahren. Irgendwann erleben wir alle eine große Euphorie, zum Beispiel wenn unsere Mannschaft ein Fußballspiel gewinnt oder wenn wir eine lang erwartete Gehaltserhöhung bekommen oder sich sonst einer unserer Träume erfüllt. In diesem Augenblick sind wir so in die Freude vertieft, dass alle anderen Probleme auf einmal wie Kleinigkeiten erscheinen. Wir schieben diese Schwierigkeiten beiseite, weil wir nicht von unserem Augenblick der Herrlichkeit und des Glücks abgelenkt werden wollen. Das ist nur ein kleines Beispiel, um zu zeigen, wie uns die Berührung mit der inneren Freude in beständiger Glückseligkeit halten kann, so dass die Probleme der Welt verblassen.

Wer lernt zu meditieren, kann seine Aufmerksamkeit auf die Quelle des Glücks lenken, selbst inmitten von Sorgen. Es ist richtig, man geht weiterhin durch die äußeren Schmerzen und Sorgen des Lebens, doch sie berühren einen nicht. Man trinkt von der inneren Berauschung, die den Schmerz lindert und die Aufmerksamkeit von den Leiden nimmt.

Es liegt nichts Magisches in der Meditation. Sie ist etwas, was jeder, vom Kind bis zum alten Menschen, lernen kann. Hätten wir in unserer Jugend gelernt, die Aufmerksamkeit innen zu sammeln, wäre es uns zur Gewohnheit geworden. Wir wären in der Lage, es willentlich jederzeit zu tun. Doch es ist niemals zu spät, diese Praxis zu erlernen. Indem wir lernen zu meditieren, können wir die Kunst vervollkommnen, unsere Aufmerksamkeit auf die Quelle des Glücks in uns zu lenken. Dann können wir, wann immer wir wollen, vom ewigen Meer des Glücks in uns trinken. Äußere Quellen von Vergnügen mögen uns genommen sein, doch wir haben Zugang zum ewigen Glück, das wir in uns tragen.

Wenn wir meditieren lernen und dann die inneren Freuden genießen, sind wir vor den Leiden und Sorgen des Lebens geschützt. Wir sind uns bewusst, dass die Welt nur ein vorübergehendes Schauspiel ist. Die Ekstase, die wir innen erfahren, erfüllt uns mit Glück, und wir können unsere Probleme überwinden.

Wenn wir meditieren und mit der Quelle aller Liebe in uns in Verbindung kommen, sind wir immer in Einklang mit dem inneren Glück und werden es auf alle ausstrahlen, denen wir begegnen. Dann können wir überall, wo wir sind, Freude verbreiten.

Die Heiligen und Mystiker kamen, um mit der Menschheit den Frieden und das Glück, die sie entdeckten, zu teilen. Sie kommen, um uns die innere Quelle des Friedens und des Glücks zu zeigen, so dass uns die Mühen des Lebens nicht länger berühren können. Das geschieht, wenn sie uns in die inneren Bereiche bringen, die uns mehr Glück und Ruhe vermitteln, als wir uns je erträumen könnten. Es ist meine Hoffnung und mein Gebet, dass jeder die innere Freude und Glückseligkeit erlangt, die Gott uns allen als Geburtsrecht gewährt hat.

Übung

Trage in einer Spalte alles im Leben ein, wovon du glaubst, dass es dir Glück bringt. Trage dann in eine zweite Spalte alles ein, was geschehen ist oder geschehen könnte, wodurch du dieses Glück verlieren könntest.

Versuche irgendeinen Bereich im weltlichen Leben zu finden, der dauerhaftes Glück bringt.

Bedenke schließlich, wie die Quelle allen Glücks aus der Tiefe deines Seins kommt. Meditiere, um das innere Glück in dir zu erfahren.

6. Der selige
Garten des Friedens

Der Garten der Glückseligkeit

Auf meinen Reisen habe ich viele Großstädte besucht, Städte mit Beton- und Stahlbauten, mit asphaltierten Straßen, Städte voller Lärm und Hektik. Und doch sehe ich, dass sich die Menschen inmitten der Betriebsamkeit und inmitten des Lärms oft winzige Gärten als Zufluchtsstätten bauen, um ein wenig Heiterkeit und Schönheit zu erleben. In Deutschland gibt es viele Wohnungen mit Blumenkästen voll farbiger Blumen. In New York staune ich beim Anblick parkähnlicher Gärten, die auf den Dächern der Wolkenkratzer und auf Terrassen wachsen. Der Wunsch, die mechanistische Welt mit einem Hauch Natur zu verschönern, ist symbolisch für unsere Suche nach Frieden in unserer vom Wettbewerb zerrissenen Welt.

Trotz unseres technologischen und wissenschaftlichen Fortschritts steht die Welt in Flammen. Täglich hören und lesen wir Berichte über Leid und Unmenschlichkeit. Es ist kaum jemand zu finden, der nicht von Schmerz, Angst, Trauer und Verzweiflung betroffen ist.

Manchmal, wenn wir auf einen leuchtenden See hinausblicken, auf die unzähligen Sterne am Himmel schauen oder die Pastellfarben des Himmels in der Dämmerung beobachten, wundern wir uns vielleicht darüber, wie Gott, der eine so schöne Welt erschaffen hat, das ungeheure Leid seiner Geschöpfe ertragen kann. Die Mystiker aller Zeiten betonten, dass der Mensch für einen hohen und edlen Zweck erschaffen wurde. Die Grausamkeiten, die wir in dieser Welt sehen, sind nicht Ausdruck seiner wahren Natur.

Der große spirituelle Lehrer und mystische Dichter Sant Darshan Singh beschrieb dies in einem seiner Verse:

Gottes heiliges Land ward
von der Last des Elends getreten.
Das Leben ist kein Dolch,
getränkt vom Blut des Hasses.
Es ist ein Zweig mit Blüten
von Liebe und Erbarmen.

Zur Zeit ähnelt die Welt mehr einem Gefängnis, aus dem es kein Entkommen gibt. Doch Gott hat uns nicht verlassen. Er hat uns einen Schlüssel zu einem geheimen Garten des Friedens und der Freude gegeben. Wir können diesen Garten betreten, wann wir wollen. Wir müssen uns nur innerlich an Ihn wenden, uns den Weg zu zeigen.

Ich möchte gerne erörtern, wie wir in diesem Leben Glück und Erfüllung erreichen können, indem wir lernen, den Garten des Friedens im Innern zu betreten.

Kabir, der große indische Mystiker sagte:

Du musst nicht in den Blumengarten gehen;
in deinem Körper ist ein Garten.
Nimm den Sitz auf dem tausendblättrigen Lotus ein
und schau in die unermessliche Schönheit.

Die Mystiker aller Zeiten beschrieben Welten ungeahnter Schönheit. Flüsse aus Licht entspringen in ihnen. Tausende von Sonnen und Monden schmücken die inneren Regionen. Himmlische Musik spielt bezaubernde Melodien. Jedes Atom birst vor Liebe und Freude. Und in uns ist der Eine, der Schöpfer von allem, der Herr selbst.

Wie man den Garten betritt

Wie kann man diesen inneren Ort ewiger Freude betreten? Wie Kabir in seinen Versen sagt, müssen wir den Eingang zu diesem

Garten des Friedens entdecken und dann unseren Sitz auf dem tausendblättrigen Lotus einnehmen.

Alle Heiligen und Mystiker, die den inneren Garten betreten haben, sagen uns, dass der Weg nach innen über die Meditation oder Konzentration führt. Meditation ist die Kunst, die Aufmerksamkeit von der äußeren Welt weg und zur inneren Welt hin zu lenken.

Gegenwärtig geht unsere Aufmerksamkeit durch die verschiedenen Sinne nach außen. Wir haben den Gesichtssinn, den Hörsinn, den Geruchssinn, den Geschmackssinn und den Tastsinn. Leider glauben wir, dass die physische Welt die einzige existierende Wirklichkeit ist. Doch wie begrenzt ist unser Blickwinkel! Unsere Augen sehen nur Licht einer bestimmten Wellenlänge. Unsere Ohren hören nur Klangschwingungen einer bestimmten Frequenz. Erst nachdem noch komplexere Geräte entwickelt worden waren, erkannten wir, dass es Licht- und Klangschwingungen jenseits der menschlichen Reichweite von Sehen und Hören gibt. Heute zeigt uns die Wissenschaft, dass sogar das, was wir sehen und hören, nicht so ist, wie es erscheint. Feste Materie, wie Schränke, Stühle und Wände, enthüllen sich als nicht wirklich fest, wenn sie durch sehr starke Mikroskope gesehen und von wissenschaftlichen Instrumenten analysiert werden. Die Materie setzt sich aus subatomaren Teilchen zusammen, tanzenden Energiepaketen, die durch den Raum wirbeln. Unsere Sinne sind nicht in der Lage, die Realität des physischen Raums wahrzunehmen, um wie viel weniger dann die Gebiete jenseits der physischen Welt!

Die Schriften beziehen sich auf Augen und Ohren, die die inneren Bereiche bezeugen können. In der Bibel heißt es: »Wenn dein Auge einfältig ist, wird dein ganzer Leib licht sein.« Die großen Mystiker, Heiligen, Propheten und Meister hatten ihr inneres Auge und ihr inneres Ohr geöffnet. Sie sahen nicht nur ins Jenseits, sondern reisten auch dorthin. Sie reisten durch höhere spirituelle Ebenen und erlangten schließlich Gotterkenntnis. Heute verehren die Menschen aller Religionen diese großen Seelen. Der beste Weg, die Ideale zu ehren, für die sie lebten, ist, ihre Lehren in die Tat umzusetzen. Sie lehrten ihre Schüler eine praktische Methode, um nach innen zu gehen. Doch nachdem die Heiligen und Mystiker die Welt verlassen hatten, gerieten diese Techniken, diese inneren Übungen, in Vergessenheit und nur die äußeren Schriften, Riten und Rituale blieben. Wenn wir den inneren Garten des Friedens entdecken wollen, müssen wir jemanden finden, der uns helfen kann, das Tor zu öffnen und innen einzutreten. Wir brauchen die Hilfe eines kompetenten spirituellen Lehrers oder Adepten, der uns lehren kann, wie man die Aufmerksamkeit von der äußeren Welt zur inneren Welt zurückzieht.

Tausendblättriger Lotus

Wie wir die Tore der Sinne haben, die in die äußere Welt führen, so gibt es auch ein Tor, das nach innen führt. Wenn wir dieses Tor betreten, erreichen wir den tausendblättrigen Lotus, auf den sich Kabir in seinen Versen bezieht. Es symbolisiert die erste Stufe der inneren Reise, die Region des tausendblättrigen Lotus oder Sahansdal Kanwal in der astralen Ebene. Das ist der erste Ort, den die Seele besucht, wenn sie sich über das Körperbewusstsein erhebt. Man erreicht ihn durch den Vorgang der Meditation auf das innere Licht und den inneren Ton. Dieses göttliche Licht und dieser göttliche Klang erwarten uns am Sitz der Seele, zwischen und hinter den beiden Augenbrauen. Wenn wir unsere Aufmerksamkeit dort sammeln, wenn wir also unseren Sitz am Augenbrennpunkt einnehmen, können wir unsere spirituelle Reise beginnen. Die Schriften und die Mystiker nennen diesen Punkt das Dritte oder das Einzelauge, ajna chakra oder tisra til. An diesem Punkt können wir das Licht Gottes sehen und die himmlischen Harmonien aller Harmonien hören, die im Inneren widerhallen. Indem wir unsere Aufmerksamkeit an diesem höchsten Sitz der Seele im Körper konzentrieren, beginnen wir, das innere Licht zu sehen und die innere himmlische Musik zu hören.

Wenn wir uns zum Augenbrennpunkt zurückgezogen haben, beginnen wir, das Licht Gottes zu sehen. Die Erfahrung des inneren Lichts ist im Anfangsstadium vielleicht nicht so groß, doch wenn man fortschreitet und höher steigt, wird das Licht immer strahlender. Dann werden wir inwendig immer mehr in Anspruch genommen. Wir gehen durch die inneren Sterne, den Mond und die Sonne, bis wir uns über das Körperbewusstsein erheben und die inneren spirituellen Gebiete betreten. Wir betreten Reiche, die man nicht beschreiben kann. Wir erfahren große Ekstase und Seligkeit, während wir die höheren Ebenen durchqueren. Wir gehen durch die astrale, die kausale und suprakausale Ebene, bis wir unser letztes Ziel, die Vereinigung mit Gott, erreichen.

Die zweite Meditationsübung ist, dem inneren Klangstrom zu lauschen. Während wir die Aufmerksamkeit am Augenbrennpunkt halten, hören wir auf den inneren Klang. Der Ton wird schließlich lauter und lauter und beginnt, den Geist nach oben zu ziehen. Der mystische Klang, der unaufhörlich in uns widerhallt, hebt unsere Seele über das Körperbewusstsein. Von Stufe zu Stufe wird die himmlische Musik entzückender. Wenn die Seele diese göttliche Melodie hört, wird sie magnetisch davon angezogen und steigt auf. Wir reisen auf diesem Ton immer höher zu Welten von unvorstellbarer Glückseligkeit.

Die der Seele angeborene Eigenschaft ist Liebe und Ekstase. Gott ist Liebe und die Seele ist ein Funken dieser Liebe. Wir wissen, dass Liebende glücklich sind, wenn sie vereint sind. Ähnlich ist die Seele wirklich glücklich, wenn sie mit Gott vereint ist. Sie ist ein bewusstes Wesen und kann bleibendes Glück nur von Bewusstem gewinnen. Um dies zu erfahren, muss sie nach innen gehen und die Quelle allen Bewusstseins finden: Gott.

Ekstase der Liebe

Sogar noch berauschender als die Schönheit der inneren Gebiete ist die alles durchdringende Atmosphäre der Liebe. Die inneren

Regionen tanzen in der Ekstase der Liebe. Das Erschaudern und das Glück, das wir erfahren, wenn wir in Gesellschaft unseres irdischen Geliebten sind, ist nur ein Bruchteil der Ekstase, die wir erfahren, wenn wir mit unserem ewigen Geliebten zusammen sind. Eine der großen weiblichen Heiligen war Rabia Basri. Sie lebte im achten Jahrhundert in Arabien, war Gott sehr ergeben und verbrachte einen großen Teil ihrer Zeit in Meditation versunken. Eines Tages kamen einige ihrer Gefährtinnen, um sie in ihrer bescheidenen Hütte zu besuchen. Der Frühling war gekommen und mit ihm blühten die duftenden Blumen. Sie riefen ihr zu, sie möge kommen und mit ihnen einen Tag in der Schönheit der Natur verbringen. Sie erzählten ihr von der sanften Brise, die wehte, und den süßen Klängen der zwitschernden Vögel. Als Rabia sich weigerte, drängten sie sie wieder, mit nach draußen zu kommen. Sie sagte ihnen, dass sie lieber drinnen bliebe und meditieren wolle. Als sie sie weiter anflehten, die Lieblichkeit des Frühlings zu genießen, sagte sie schließlich zu ihnen: »Warum muss ich die äußeren Gärten sehen? In meinen Meditationen genieße ich die Schönheit der inneren Gärten, wo ich in der Liebe meines ewigen Geliebten verloren bin. Die Glückseligkeit und die Ekstase innen ist viel größer als das Glück, das man in den äußeren Gärten genießt.«

Viele Mystiker haben die Freude ausgedrückt, den inneren Garten betreten zu können, um die Vereinigung mit dem geliebten Herrn zu erlangen. Weil die Erfahrung nicht mit Worten zu beschreiben ist, müssen sie Zuflucht zu Analogien, Allegorien und Symbolen nehmen. Diese Bilder geben uns nur eine Ahnung von der Wirklichkeit, die auf uns wartet. Mystiker aus der Tradition der Hindus, der Sikhs, des Christentums, des Judentums und der Sufis sprachen wiederholt von der göttlichen Vereinigung der Liebenden mit dem Geliebten. Ihren Beschreibungen zu lauschen füllt uns mit Leidenschaft und Sehnsucht, die herrlichen inneren Gärten zu betreten und unserem ewigen Geliebten zu begegnen.

Meister Eckhart, der deutsche Mystiker, sagte: »O Wunder der Wunder, wenn ich an die Vereinigung denke, die die Seele mit

Gott hat! Der Frühling der göttlichen Liebe fließt aus der Seele und zieht sie aus sich selbst heraus in ihren primären Ursprung, der Gott allein ist.«

Die Heilige Theresa von Avila, eine spanische Heilige, sagte: »*Es ist, als verließe die Seele den Körper.*«

So groß ist die innere Glückseligkeit, dass wir sogar dann noch von der Ekstase der göttlichen Vereinigung durchdrungen sind, wenn wir in der äußeren Welt tätig sind und unsere Pflichten erfüllen. Ein Ausdruck im Punjab beschreibt dies treffend: »Unsere Hände bei der Arbeit, doch unser Herz bei unserem Geliebten.«

Die Samen der Liebe ausstreuen

Einige fragen sich, ob man sich dann nicht wie ein Mensch verhält, der sich von der Welt zurückzieht, wenn man den inneren Garten des Friedens betreten will. Doch Mystik ist nicht lebensverneinend. Die Haltung solch eines Aussteigers nannte Sant Darshan Singh »negative Mystik«. Doch den Weg der Heiligen und Mystiker nannte er »positive Mystik«. Wir sind auf der inneren Reise und bleiben gleichzeitig in der Gesellschaft, in der wir geboren wurden. Wir erfüllen weiterhin unsere Verpflichtungen gegenüber der Familie, der Arbeit, der Gemeinde und der Gesellschaft. Doch wir widmen der Meditation Tag für Tag Zeit, um die glückseligen Gärten innen zu betreten. Wenn wir innen mit Gott in Verbindung sind, bringen wir den Duft des Gartens der göttlichen Liebe mit uns zurück. Alle, denen wir begegnen, freuen sich über die Innigkeit und die Liebe, die von uns ausstrahlen. Die Menschen werden uns fragen, wie sie diese Liebe ebenfalls erfahren können. So verbreiten sich die Samen aus dem Garten der Liebe und Glückseligkeit nach und nach weit und breit, bis die Liebe in jedem Herzen blüht.

Der Schlüssel zu diesem Garten ist jedermann zugänglich, unabhängig davon, welcher Nationalität, Farbe oder Religion er angehört. Und jedermann kann in der Meditation diesen Garten frei genießen.

Es gibt eine lehrreiche Geschichte von einem König, der ein großes Schloss besaß. In diesem Schloss befanden sich die herrlichsten Gärten und Springbrunnen im ganzen Land, mit einer Fülle an wunderbaren und farbenprächtigen Blumen, schön geschnittenem Rasen, und Spazierwege führten an Bächen und Wasserkaskaden vorbei. Der Garten war im ganzen Königreich bekannt, doch nur wenige hatten ihn selbst gesehen. Der König lud nur seine engsten Freunde ein, den Garten zu besichtigen. Sie fanden es dort so bezaubernd, dass sie ihn nie mehr verlassen wollten. Viele sehnten sich danach, einen Blick in des Königs Privatgarten werfen zu können. Doch wenn einer das Glück hatte, eingelassen zu werden, kam er niemals mehr heraus und beschloss, innerhalb der Mauern des Schlosses zu leben. Eines Tages hatte ein junger Mann aus dem Königreich das Glück, diesen Garten besuchen zu dürfen. Aufgeregt trat er durch das Tor zum königlichen Bereich ein, doch er merkte sich den Eingang genau. Einmal drinnen, war er von dem schönen Anblick, den herrlichen Klängen und Düften, die all seine Sinne gefangen nahmen, entzückt. Er verbrachte Tag für Tag damit, den großen Garten zu erkunden, und wie die anderen wollte auch er ihn niemals mehr verlassen. Doch er dachte an seine Freunde daheim und wünschte sich, diese herrliche Erfahrung mit ihnen zu teilen. Er erinnerte sich daran, wie er in den Garten gekommen war, und kehrte zu diesem Punkt zurück. Er fand jedoch den Ausgang des Gartens versperrt und suchte nach einer anderen Öffnung. Schließlich erklomm er einen der Türme und entdeckte einen Weg nach draußen. Er knüpfte eine Strickleiter und warf sie am Eingang über die Mauer. Dann kletterte er diese Leiter hinunter und verließ den Palast des Königs. Er ging nach Hause, um all seinen Freunden zu erzählen, dass er den Garten des Königs gesehen und einen Weg gefunden habe, wie auch sie ihn besuchen könnten. Nacheinander brachte er all seine Freunde zum Palast und half ihnen, über die Leiter nach innen zu klettern. Jeder, den er dorthin brachte, war entzückt, als er die Schönheit des königlichen Gartens sah. Auf diese Weise öffnete er den Weg für alle, die den Garten besuchen wollten. Er war nicht zufrieden damit, die Glückseligkeit des Gartens selbst zu genießen. Er wollte diese grenzenlose Freude mit allen teilen.

Heilige, Mystiker und erleuchtete Seelen sind wie dieser großmütige Mann. Wenn sie den Garten der Glückseligkeit, den Garten des Herrn im Innern, betreten haben, sind sie nicht damit zufrieden, dieses Glück alleine zu genießen. Sie möchten, dass die ganze Menschheit den gleichen Segen genießt. Sie widmen ihr Leben der Aufgabe, andere in den geheimen Garten Gottes zu bringen. Es ist ihr Ziel, diese Freude jeder Seele in der Schöpfung zugänglich zu machen.

Wenn wir den Garten der Glückseligkeit betreten, werden wir sehen, dass uns Gott dort erwartet. Er wird uns mit Glück erfüllen und unser Wesen durchdringen. Wir erkennen dann, dass er in jedem Augenblick bei uns ist. Er umarmt unser Herz. Sein Duft strömt durch jede unserer Poren. Er ist im Hauch eines jeden Atemzugs. Seine Musik entzückt unsere Seelen.

Maulana Rumi beschrieb diese Erfahrung folgendermaßen:

Deine liebe Seele verband sich mit meiner Seele,
wie sich Wasser mit Wein vermischt.
Wer kann Wein und Wasser trennen
oder mich und dich, wenn wir vereint sind.
Deine Liebe durchdringt mich durch und durch.

Gott sehnt sich sogar noch mehr danach, sich mit uns zu vereinen, als wir uns danach sehnen, mit Ihm eins zu werden. Es liegt an uns, Ihm unser Herz zuzuwenden. Wenn unsere täglichen Verantwortungen und Pflichten erledigt sind und die Welt schläft, dann sollten wir zu unserem ewigen Geliebten eilen. Geht nach innen, öffnet das Tor zum inneren Garten der Glückseligkeit und des Friedens und begegnet Ihm.

Ein französisches Sprichwort sagt: »Wenn ein Mensch keinen

Frieden in sich findet, ist es sinnlos, ihn irgendwo zu suchen.« Die heilige Katharina von Genua, eine italienische Heilige und Mystikerin, sagte: »Wer Gott nicht begegnet, findet keinen Frieden.«

Unser ewiger Geliebter wartet innen auf uns. Eilt zu ihm und umarmt ihn. Nicht nur wir werden Frieden finden, sondern die ganze Welt wird zum Garten der Glückseligkeit.

Übung

Meditiere entsprechend der Anweisungen in Kapitel 4. Beobachte den Frieden in dir. Wenn dich Stress oder Störungen beunruhigen, schließe deine Augen für einige Minuten und versuche zu meditieren, um in deinen eige-  nen Garten des Friedens zu gelangen. Schreib nach der Meditation alle Veränderungen auf, die du in Bezug auf diese äußeren Störungen wahrgenommen hast. Notiere, ob die Meditation die Störungen vermehrt hat oder verschwinden ließ.

7. Stress durch Meditation verringern

Ein Mann ging einmal eine Straße entlang und traf auf einen jungen Mann, der mit einer langen Metallspule kämpfte. Er fragte ihn, was er täte, und erhielt zur Antwort, er versuche, die Spule abzuwickeln, um den Draht zu begradigen. Als er fragte, warum dies denn so mühsam sei, erklärte ihm der andere, dass jedes Mal, wenn er eine Krümmung glätte, eine neue entstehe. Dies ähnelt der schlimmen Lage in unserem Leben. Unser tägliches Leben bringt viele Probleme mit sich. Lösen wir ein Problem, taucht das nächste auf. Wir kämpfen vielleicht mit den Finanzen und suchen nach einer Lösung. Schließlich kommt der Tag, an dem wir eine Gehaltserhöhung bekommen. Da entdecken wir, dass unser Auto kaputt ist, und wir brauchen das zusätzliche Geld für die Reparatur oder für ein neues Auto. Haben wir dieses Problem gelöst, wird vielleicht jemand in unserer Familie krank. Gleichzeitig finden wir möglicherweise heraus, dass wir ein Problem in der Beziehung zu einem unserer Mitarbeiter haben. Während wir dieses in Ordnung bringen, beginnt plötzlich unser Dach zu lecken und muss repariert werden. Nach einiger Zeit fragen wir uns, ob es im Leben jemals eine Zeit geben wird, in der wir frei von Problemen sind. Vielleicht denken wir, wir allein hätten Pech. Doch wenn wir andere fragen, stellen wir fest, dass jeder seine Schwierigkeiten hat. Es scheint, als würden die Probleme kein Ende nehmen.

Der Stress des modernen Lebens

Es ist kein Wunder, dass die Menschen gewaltigem Stress und großer Spannung ausgesetzt sind. Der Druck des Lebens ist so groß, dass er uns physisch und mental zusetzt. Die Menschen leiden an Angst, Furcht, Depressionen und Phobien. Die Praxen von Psychiatern, Psychologen und Therapeuten sind voll von Menschen, die den Lebenskampf nicht bewältigen und nicht in der Lage sind, mit ihren Problemen umzugehen. Sie leben in

Furcht vor wirtschaftlichem Unglück. Sie versuchen, zerbrochene Ehen und zerbrochene Familien zu kitten. Andere fürchten die Einsamkeit, wenn man einen geliebten Menschen verliert. Und einige sind so enttäuscht vom Leben, dass sie für die Zukunft keine Hoffnung sehen.

Stress und Spannung beeinflussen nicht nur unser Gemüt. Unser mentaler Zustand kann stressbedingte Krankheiten verursachen. Untersuchungen zeigen, dass bei Ärger und emotionaler Erregung Hormone in unserem Körper ausgeschüttet werden, die uns auf »Kampf oder Flucht« vorbereiten. Da die Normen in unserer Gesellschaft verlangen, dass wir Probleme kühl und rational behandeln, neigen wir dazu, nicht zu »kämpfen oder zu fliehen«. Wir stellen uns der Situation und behalten unsere Gefühle für uns. Das Ergebnis ist, dass die Hormone auf unseren Körper wirken und Stress bedingte Krankheiten wie Bluthochdruck, Herzerkrankungen, Atemprobleme, Verdauungsstörungen, Kopfschmerzen, Muskelschmerzen, Hautausschläge und ähnliche Probleme verursachen. Die Lösung besteht nicht notwendigerweise darin, dass wir unseren Ärger in Form von Kampf oder Flucht herauslassen, denn diese Reaktionen können weitere Probleme in unseren Beziehungen verursachen. Wir müssen einen brauchbaren Weg finden, um die mentalen, emotionalen und physischen Auswirkungen von Stress zu verhindern, die uns krank machen.

Meditation – ein Mittel gegen Stress

In den letzten Jahren wenden sich die Menschen der Meditation als Hilfsmittel gegen die emotionalen und mentalen Anspannungen im Leben zu. Die Meditation bietet viele Vorteile für unser physisches und mentales Wohlbefinden. Sie ist sicher, effektiv und kostet nichts. Wenn wir einmal lernen, wie man meditiert, steht uns ein Heilmittel zur Verfügung, das wir jederzeit anwenden können.

Die Meditation hilft uns in zweierlei Hinsicht. Zuerst verhilft sie uns zu körperlicher Entspannung, und zweitens gelangen wir in einen Zustand, in dem wir in einer erfreulichen und beglückenden Erfahrung völlig aufgehen, sodass uns die Probleme der äußeren Welt nicht berühren.

Wie meditiert man nun? In der Meditation wählen wir eine Haltung, in der wir entspannt und ruhig verbleiben können. Das Einstimmen auf die Meditation hilft uns, unsere Aufmerksamkeit an einem Punkt zwischen und hinter den beiden Augenbrauen zu konzentrieren. Dieser Punkt ist als Einzelauge oder zehntes Tor bekannt. So ziehen wir unsere Aufmerksamkeit vom Körper zurück. Der Körper entspannt sich dann so, wie wenn man schlafen würde.

Untersuchungen zeigen, dass die Gehirnwellen in der Meditation eine Frequenz von 4–10 Herz haben. In dieser Phase hat man das Gefühl von Frieden und völliger Entspannung. Diese Entspannung bezieht sich jedoch nur auf die Ebene unserer Gefühle und Gedanken und den Körper. Durch Meditation auf das innere Licht und den inneren Ton haben wir noch eine weitere Möglichkeit. Diese Art von Meditation bringt uns mit dem Licht- und Klangstrom in Verbindung, einer strahlenden Energie, die aus Bereichen jenseits dieser physischen Welt kommt. Es ist ein mächtiger Strom von göttlicher Liebe, Bewusstheit und Seligkeit, eine rein spirituelle Erfahrung, die nicht gemessen werden kann. Jener Strom ist in jedem Menschen und man kann am Dritten oder Einzelauge mit ihm in Verbindung kommen. Er bringt uns sehr viel mehr als nur physische Entspannung. Er taucht uns in eine Berauschung, die stärker ist und länger anhält als jede äußere Berauschung in dieser Welt. Unser ganzes Wesen, unser Körper, unser Gemüt und unsere Seele, erfährt eine Flut von Ekstase, die alles in uns durchdringt.

Diese Erfahrung kommt aus unserem innersten Selbst, unserer Seele, die so mit ihrem eigenen Wesen, das in Form von Licht und Klang von Gott ausgeht, in Verbindung kommt. Vergleichen wir die großen Schriften und mystischen Bücher dieser

Welt, so finden wir die gemeinsame Aussage, dass die schöpferische Kraft, die alle Universen und alle Lebensformen ins Sein
brachte, sich selbst als Licht- und Klangstrom offenbarte. Dieser Strom, der aus dem schöpferischen Ursprung stammt, war
die Kraft, die alles erschuf. Unsere Seele ist ein Tropfen dieses
Wesens. Es heißt, dass diese schöpferische Kraft, der Strom, der
aus ihr fließt, und unsere Seele All-Liebe, All-Bewusstheit und
All-Seligkeit sind. In unserem täglichen Leben sind wir uns nur
unseres Körpers und unseres Gemüts bewusst. Wir vergessen
unsere wahre Natur, die Seele. Wenn in der Meditation Körper
und Gemüt ruhig sind, werden wir uns unserer Natur als Seele
bewusst. Wenn sich die Seele zurückzieht und am Dritten Auge
sammelt, befindet sie sich am Verbindungspunkt zum inneren
Licht und Klang. Kommt dann die Seele mit diesem Strom in
Berührung, wird sie von ihm angezogen. Sie ist wie ein Wassertropfen auf der Oberfläche eines Tisches. Lässt man einen Was-
serstrahl darüber fließen, verbindet sich der Tropfen mit dem
Strahl und geht in ihm auf. Wenn sich unsere Seele an dem Punkt
sammelt, an dem der Strom beginnt, am Dritten Auge, wird sie in
ähnlicher Weise angezogen, um mit dem Strom zu verschmelzen.
Dann beginnen wir, auf diesem Strom zu reisen. Unsere Seele
erhebt sich über das Körperbewusstsein und erfreut sich an der
Reise in die höheren Regionen.

Diese innere Reise wurde von Mystikern und Heiligen durch
die Jahrtausende hindurch beschrieben. Sogar heute hören wir
von Menschen mit Nah-Tod-Erfahrungen. Sie ließen ihren Körper zurück und betraten eine Region aus Licht, das sie mit trans-
zendenter Liebe, Wärme und Wissen umhüllte.

In der Meditation können wir diesen Vorgang leicht und
natürlich üben. Diese Erfahrung ist so einzigartig, dass sie jede
Sensation übertrifft, die die Welt bieten kann. Sie versetzt uns in
einen Zustand, in dem wir die Schwierigkeiten dieser Welt vergessen. Unsere Probleme haben nicht mehr die gleiche Wirkung
auf uns, weil wir in einem Zustand großer Glückseligkeit sind.
Sie verschwinden wie Wellen im Meer. Wir werden hoch über die

Sturmwolken erhoben und schweben in sonnigen Himmeln mit strahlendem, innerem Licht.

Sich von äußerem Stress befreien

Wenn wir in den Zustand der Körperbewusstheit zurückkehren, bringen wir die anregende Erfahrung unserer Meditation mit. Unsere Probleme sind zwar nicht vergangen, doch ihre Wirkung auf uns ist geringer geworden, weil wir in der Glückseligkeit verloren sind, die wir mit uns tragen. Das Leid des Lebens drückt uns nicht mehr, weil wir mit einem Anker, einer Rettungsleine, verbunden sind. Wir sind beständig mit der inneren göttlichen Seligkeit verbunden, und mit innerer Unterstützung können wir unseren Problemen mit klarem Verstand begegnen und Lösungen finden. Wir können rationalere Entscheidungen treffen, weil wir das Leben von einem höheren Blickwinkel aus sehen. Der Stress des Lebens verringert sich. Wir sind dann von einem Zustand der Berauschung erfüllt, der unser Gemüt beruhigt, und dies wiederum entspannt den Körper. So sinkt die Gefahr, eine stressbedingte Erkrankung zu bekommen.

Eine besondere private Zuflucht

Meditation auf Licht und Klang ist wie eine besondere Zuflucht, ein besonderer Ort, an dem wir Erleichterung von den Problemen des Lebens finden können. Wir können zu jeder Tageszeit meditieren. Es ist möglich, unseren Tag beim Erwachen mit Meditation zu beginnen, um uns für den Rest des Tages in einen Zustand der Ruhe zu versetzen. Wenn wir mit dem Zug oder dem Bus zur Arbeit fahren oder uns jemand in einer Fahrgemeinschaft im Auto mitnimmt, können wir auf dem Weg meditieren. Am

Arbeitsplatz ist es vielleicht möglich, während der Pause oder in der Mittagszeit zu meditieren, um uns wieder aufzutanken und unsere Arbeit ruhig zu erledigen. Auch wenn wir zu Hause arbeiten, können wir uns Zeit für die Meditation nehmen. Wenn wir außer Haus arbeiten und nach einem hektischen Tag zurückkehren, hilft uns die Meditation, die Anspannungen des Tages wieder loswerden. Viele meditieren gerne nachts vor dem Schlafengehen, weil es eine stille, ruhige Zeit mit weniger Ablenkung und Störung ist. Andere beginnen ihren Tag gern mit Meditation, so dass sie eine schützende Hülle der Ruhe umgibt, die ihnen hilft, den Schwierigkeiten des Tages zu begegnen.

Wenn wir den Stress verringern, haben wir auch eine positive Wirkung auf die Menschen um uns. Sind wir durch die Meditation in einem Zustand der Seligkeit, gehen wir das Leben ruhiger an und reagieren nicht so stark auf die anderen. Wir können dem, was sie sagen, ruhig und bedacht zuhören. Und so werden wir friedvoller und gewaltloser.

In der indischen Überlieferung gibt es eine interessante Geschichte. Einst lebte eine Prinzessin mit Namen Laila, die ständig in Liebe und in Gedanken an ihren irdischen Geliebten Majnu versunken war. Eines Tages ging sie in die Moschee, um zu beten. Sie war so verloren in ihren Gedanken an Majnu, dass sie nicht bemerkte, wie sie auf die Gebetsmatte eines heiligen Mannes trat. Als das geschah, sprang dieser auf und beschimpfte sie wegen dieser gotteslästerlichen Tat. Seine Erregung schreckte sie aus ihrer Träumerei. Er sagte: »Wie konntest du nur so respektlos handeln und auf meine Gebetsmatte treten, während ich betete?« Sie entschuldigte sich und sagte: »Es tut mir Leid, ich war so in Gedanken an meinen irdischen Geliebten versunken, dass ich nicht bemerkte, wohin ich trat.« Doch dann sagte sie noch voller Weisheit: »Ich wundere mich nur, o heiliger Mann, wenn ich so sehr in meinen weltlichen Geliebten verloren sein kann, dass ich nicht einmal bemerke, wohin ich trete, wie kannst du dann sagen, du seiest im Gebet an den göttlichen Geliebten und in der Erinnerung an Gott verloren, wenn du bemerkt hast, dass ich auf deine Matte trat? Wärest du wirklich im Gebet vertieft, hättest du mich gar nicht wahrgenommen.«

Das beschreibt den Zustand, den wir in der Meditation erreichen. Unsere Probleme sind zwar noch da, doch wir sind so sehr in innerer Glückseligkeit und Berauschung versunken, dass wir die Widrigkeiten und Enttäuschungen des Lebens nicht wahrnehmen. Unsere Gedanken, Gefühle und Emotionen sind durch den Stress und die Anstrengungen des Lebens weder verwirrt noch aus dem Gleichgewicht geraten. Wir können ruhig und unbeschwert damit umgehen.

Sant Darshan Singh, einer der großen Heiligen dieser Zeit, drückte dies in einem Gedicht folgendermaßen aus:

Lehr mich des Lebens Kunst,
die mich zum Fremden macht
für alles Leid der Welt,
o Mundschenk.

Durch Meditation können wir die Kunst des Lebens lernen, die uns helfen kann, Stress und Anspannung zu überwinden. Durch Meditation können wir den Weg zu Entspannung und Ruhe entdecken.

Übung

Sei dir der Zeiten bewusst, in denen dein Körper und dein Gemüt Stress erfahren. Beobachte ein paar Tage lang, wie du physisch, emotional und mental auf Stress reagierst.

Achte nach ein paar Tagen Beobachtung auf den Augenblick, in dem dich der Stress überkommt. Finde einen Weg, die Augen zu schließen, zu entspannen und zu meditieren. Wenn du in der Arbeit bist, versuche, dich an deinen Arbeitsplatz zurückzuziehen, um ein paar Minuten lang allein und in Ruhe meditieren zu können. Wenn du zu Hause bist, verbringe längere Zeit in Meditation.

Beobachte, wie Meditation den Stress verringert. Mach Meditation zu einer Gewohnheit gegen Stress.

8. Meditation und Nah-Tod-Erfahrung

Im letzten Viertel dieses Jahrhunderts wurde ein neues Forschungsgebiet erschlossen, das »Nah-Tod-Erfahrungen« oder NTE genannt wird. Ärzte und Wissenschaftler erforschen dabei die Erfahrungen von Menschen, die klinisch tot waren und durch die Wunder der modernen Medizin wieder ins Leben zurückgeholt wurden. Diese Studien wurden populär, als Dr. Raymond Moody 1976 sein Buch »Leben nach dem Tod« veröffentlichte. In diesem Buch gibt er die Nah-Tod-Erlebnisse von Menschen aus verschiedenen Lebensbereichen wieder.

Was ist eine Nah-Tod-Erfahrung?

1982 ergab eine Erhebung des Gallup-Instituts für Meinungsforschung, dass bereits acht Millionen Menschen Nah-Tod-Erfahrungen oder NTEs hatten. Eine Analyse ihrer Erfahrungen zeigt, dass sie alle ähnlich sind. Diese Erfahrungsberichte beschreiben Bereiche, die sie betraten und die von der physischen Welt verschieden sind. Eine typische NTE beginnt damit, dass jemand einen Unfall hat oder in eine medizinische Notsituation gerät und für klinisch tot erklärt wird. Er findet sich plötzlich über seinem Körper schwebend wieder und beobachtet die Ärzte und Krankenschwestern, wie sie an seinem Körper arbeiten. Kurz danach geht er durch einen Tunnel, aus dem er sich in eine Lichtwelt erhebt. Das Licht ist sehr hell und mit nichts zu vergleichen, was man in der physischen Welt sieht. Obwohl es hell ist, ist es weder heiß noch sengend. Er bemerkt, dass seine Hände auch aus Licht sind. Dann erscheint ein strahlendes göttliches Wesen und umgibt ihn mit einer Liebe, Wärme und Fürsorge, wie er dies niemals zuvor auf der Erde erlebt hatte. Das Licht bringt ihm Frieden und Glückseligkeit. In manchen Fällen blickt er während dieser Zeit auf sein Leben zurück und das ganze Leben zieht vor den Augen vorbei. Es ist wie eine dreidimensionale Schau, bei der er selbst Teil der Szene ist. Er fühlt nicht nur die eigenen Gefühle in den verschiedenen Situationen, sondern auch die Gefühle der anderen. Das Lichtwesen hilft ihm, richtig und falsch zu unterscheiden und zu erkennen, wie er es in Zukunft besser machen kann. Anschließend hat er entweder die Wahl oder es wird ihm mitgeteilt, dass er auf die Erde zurück muss. Die meisten Menschen berichten, dass sie von dieser Region nicht mehr zurück auf die Welt wollten. Doch da es nicht der rechte Zeitpunkt war, den Körper für immer zu verlassen, waren sie plötzlich wieder im Körper. Sie befanden sich im Krankenzimmer oder an dem Ort, wo ihr Körper lag. Viele hatten beobachtet, wie die Operation an ihnen vorgenommen wurde oder was die Ärzte oder Krankenschwestern taten und sagten, während sie klinisch tot waren. Für Mediziner war es schwer zu verstehen, dass Menschen, die bereits für tot erklärt waren, von einem Ort außerhalb ihres Körpers sehen und hören konnten.

Die Erfahrung, strahlendes Licht an der Grenze der physischen Welt zum Jenseits zu sehen, mag ungewöhnlich erscheinen. Doch viele von denen, die ihr Leben in Meditation verbringen, erfahren häufig, was jenseits dieser Welt liegt. Vor 1970 hörte man selten von Menschen, die einen Blick hinter die Tür des Todes werfen durften. Manche mögen dies erlebt haben, doch nur wenige berichteten davon. Erst nachdem Dr. Moody seine Forschungen über Menschen mit Nah-Tod-Erlebnissen publiziert hatte, wagten es mehr Menschen, ihre Erfahrungen mitzuteilen. Auch wenn es bei den berichteten Nah-Tod-Erfahrungen viele Variationen gibt, haben alle etwas gemeinsam – das Erfahren von innerem Licht.

Einige Menschen haben Nah-Tod-Erfahrungen bei einem Unfall. Andere wiederum erfahren die jenseitigen Welten, bevor sie sterben. Es beruhigt sie zu erkennen, dass es ein Leben nach dem Tod gibt. Dieses Phänomen wird heutzutage immer intensiver erforscht. Die Erfahrungen außerhalb des Körpers mögen vielleicht für die Welt der Wissenschaften neu sein, aber wir können bereits in den Schriften und Leben der großen Heiligen und Mystiker Hinweise auf diese Erfahrungen finden, die über ihre Reise ins Jenseits berichteten, über ihre Flüge in spirituelle Regionen, wo nichts außer Glückseligkeit, Liebe und Schönheit vorherrscht. Wer die Nah-Tod-Erfahrungen mit den heiligen Schriften und Traditionen verschiedener Religionen vergleicht, wird sehen, dass sie bereits in den heiligen Schriften beschrieben wurden. Die großen Religionsgründer haben über ihre Reise ins Jenseits berichtet. Wir finden in den Schriften Hinweise auf das Leben und auf das große Licht im Jenseits.

In der Bibel lesen wir über das Tor zum Jenseits:

Gehet ein durch die enge Pforte …
Und die Pforte ist eng und der Weg ist schmal,
der zum Leben führet;
und wenige sind ihrer, die ihn finden. (Matth. 7,13)

Im Gayatri, dem zehnten Mantra der sechzehnten Sutra im dritten Mandala des Rig Veda, heißt es:

Das heilige Symbol »Aum« wiederholend
erhebe dich über die drei Regionen.
Und richte deine Aufmerksamkeit
auf die alles absorbierende innere Sonne.
Nimmst du ihren Einfluss an,
gehst du in der Sonne auf.
Und sie wird dich, ihr ähnlich,
all-leuchtend machen.

Guru Nanak sagt im Jap Ji:

Sach Khand, oder das Reich der Wahrheit ist der Sitz des
Formlosen Einen.
Hier erschafft Er die ganze Schöpfung und erfreut sich an ihr.
Hier sind viele Regionen, himmlische Systeme und Universen;
sie zu zählen, hieße das Unzählbare zu zählen.

Hier entstanden aus dem Formlosen die himmlische
Hochebene und alles andere, alles bestimmt, sich nach
Seinem Willen zu bewegen. Wer mit dieser Schau gesegnet
ist, erfreut sich ihrer Kontemplation.
Doch, o Nanak, ihre Schönheit ist dergestalt, dass der Versuch,
sie zu beschreiben, der Versuch ist,
das Unmögliche zu tun.
(Jap Ji, Stanze XXXVII)

Bis vor kurzem war jede Forschung und Diskussion in der Gesellschaft über das Leben nach dem Tod fast ausschließlich im
Bereich der Religionen zu finden. Es wurde weder in der Schule
noch in den Medien erwähnt, ja nicht einmal in den Krankenhäusern. Menschen, die Erlebnisse dieser Art hatten, sprachen
nicht darüber – aus Angst, für verrückt erklärt zu werden oder
als jemand angesehen zu werden, der Halluzinationen hat. Doch
als Ärzte und Wissenschaftler begannen, Fälle von Nah-Tod-
Erlebnissen zu untersuchen und zu dokumentieren, wurde eine
so überwältigende Anzahl von Menschen gefunden, die solche
Erlebnisse hatten, dass die Beweise nicht länger ignoriert werden konnten. Persönlichkeitstests zeigten, dass Menschen mit
diesen Erfahrungen normale, glaubwürdige Individuen sind.
Die Forschungen der Ärzte zeigten aufsehenerregende Ähnlichkeiten über die Grenzen von Nationalität, Religion und sozialem
Hintergrund hinaus. Menschen aus verschiedenen Religionen
und verschiedenen Ländern, die nie etwas von Nah-Tod-Erfahrungen gehört hatten, beschrieben die gleichen Erlebnisse.
Heute wird diesen Erfahrungen in den Medien große Beachtung
geschenkt und sie sind in medizinischen Kreisen zum beliebten
Konversationsthema geworden. Dies öffnete unser Denken für
neue Dimensionen, die gleichzeitig neben unserer physischen
Welt existieren.

Können wir ohne eine Nah-Tod-Erfahrung Licht sehen?

Mit dem zunehmenden Interesse an Nah-Tod-Erfahrungen entstehen neue Untersuchungen. Die Menschen fragen sich, ob es möglich ist, die Bereiche im Jenseits ohne Nah-Tod-Erfahrung zu betreten. Wenn diese Lichtwelten gleichzeitig bestehen und Menschen sie immer wieder durch beinahe tödliche Unfälle betreten, weshalb sollte man sie dann nicht zu einem anderen Zeitpunkt ebenfalls erreichen können? Diese Frage mag für moderne Wissenschaftler neu sein. Für den Osten ist sie jedoch nicht neu, ebenso wenig für New-Age-Denker oder für die, die sich mit Yoga und Meditation befassen. Tatsächlich ist das Hauptziel der Meditation die Erfahrung des Jenseits. Die Lehren, wie sie die Wissenschaft der Spiritualität vermittelt, bieten eine leichte Methode an, wie man sich einfach und natürlich über den Körper erheben kann. Schüler dieser Wissenschaft können mit dem inneren Licht in Verbindung kommen. Das Licht ist nicht nur für diejenigen bestimmt, die am Ende ihres Lebens durch das Tor des Todes gehen. Es wartet darauf, von jedem bereits zu Lebzeiten entdeckt zu werden.

Das innere Licht ist nicht nur ein Hauptbestandteil der Nah-Tod-Erfahrung; auch wer das Körperbewusstsein durch Meditation übersteigt, bezieht sich wiederholt darauf. Mystiker und Heilige verschiedener Religionen liefern uns zahlreiche Hinweise auf das innere Licht. Auch in der Bibel finden sich Beschreibungen des göttlichen Lichts und der himmlischen Reiche. Christus sagt: »Wenn dein Auge einfältig ist, wird dein ganzer Körper Licht sein.« (Matthäus 6,22)

In Indien begannen im 15. Jahrhundert große Heilige wie Kabir Sahib und Guru Nanak, die Praxis der Meditation als Wissenschaft zu lehren. Sie lehrten, dass die Kunst, sich über das Körperbewusstsein zu erheben, um das Jenseits zu erfahren, eine Wissenschaft sei, die von jedem praktiziert werden könne, unabhängig von seinem religiösen Hintergrund. Entsprechend lehrten sie sowohl Hindus wie Moslems diese Methode. Ihre Tradition wurde fortgesetzt, und seither wird die Praxis dieser Meditation als eine Methode weitergegeben, die von Menschen aller Religionen, Nationalitäten und Bereiche geübt werden kann. Im vergangenen Jahrhundert lehrten Hazur Baba Sawan Singh, Sant Kirpal Singh und Sant Darshan Singh Hunderttausenden Menschen diese Technik. Sie lehrten eine Methode, durch die wir die spirituellen Regionen betreten und Frieden, Glück und Wonne finden können.

Mit dieser Technik kann man das innere Licht leicht und auf natürliche Art sehen, ohne einen beinahe tödlichen Unfall zu haben. Es ist ein Vorgang, den man täglich in der Behaglichkeit seiner eigenen vier Wände vollziehen kann. Viele Schüler sehen regelmäßig im Inneren Licht. Die Versenkung in das Licht hilft ihnen, den physischen Körper zu transzendieren und das Jenseits zu erforschen. Mit Meditation kann man ins Jenseits reisen und dieselbe Glückseligkeit und Liebe genießen, die Menschen mit Nah-Tod-Erfahrungen beschrieben haben.

Alle berichten von einer Welt aus Licht. Wir müssen bedenken, dass diese Menschen nur die Schwelle zur spirituellen Welt erreichen und dann in ihren Körper zurückgeschickt werden, um weiterzuleben. Doch wer meditiert, kann die Schwelle überschreiten und die inneren Regionen weiter erforschen. Das Licht, das die Menschen mit Nah-Tod-Erfahrungen beschreiben, ist nur der Anfang. Forscht man weiter, findet man Regionen von Licht, das sogar noch heller und ätherischer ist. In dieser Welt können wir uns kein Licht heller als die Sonne vorstellen. Doch wer klinisch tot war, beschreibt ein viel strahlenderes Licht, das aber die Augen nicht schmerzt. So gibt es Regionen von Licht, das heller ist als jenes, das Menschen mit Nah-Tod-Erfahrungen beschreiben.

Innere Welten

Erforscher der inneren Reiche, wie der große Heilige Kabir Sahib und Soami Ji Maharaj, beschreiben eine Reihe innerer Regionen mit verschiedenem Licht. Sie sprechen auch von innerer, himmlischer Musik. Als sich dieser Licht- und Klangstrom aus Gott manifestierte, erschuf er verschiedene Ebenen. Es gibt die rein spirituelle Ebene Sach Kand. Dann folgt die suprakausale Ebene, auf der der Geist vorherrscht, mit einem dünnen Schleier von Täuschung. Danach kommt eine Region, auf der Geist und Materie zu gleichen Teilen existieren, bekannt als die kausale Ebene. Die folgende astrale Ebene enthält mehr Materie als die kausale Ebene. Die physische Ebene, auf der wir leben, besteht vorwiegend aus Materie und sehr wenig Geist. Die Dichte der Materie nahm also zu, je weiter sich der Strom von Gott entfernte.

Die meisten Religionen lehren uns, dass wir in uns eine Seele haben, die den Tod des physischen Körpers überlebt. Sterben wir, geht die Seele aus dem Körper. Wir erkennen auch, dass die Seele aus geistiger Substanz besteht und nicht aus dem Stoff, aus dem unser Körper gebildet ist. Wer eine Nah-Tod-Erfahrung hatte, beschreibt, dass er einen Körper aus Licht besaß und andere Lichtwesen sah. Deshalb können die Menschen auf der physischen Welt nicht sehen, wie man über seinem Krankenhausbett schwebt und die Ärzte beobachtet, die versuchen, einen wiederzubeleben. Wissenschaftler fragen sich nun, ob der Lichtkörper, der sich über die Welt erhebt, die Seele ist. Ob sie ihn nun Seele nennen wollen oder nicht, ist gewissermaßen belanglos. Tatsache ist, dass dieser Körper aus geistiger Substanz besteht. Mystiker und Heilige sagen, die Seele sei vom gleichen geistigen Wesen wie Gott. Der Licht- und Klangstrom, der von Gott ausgeht, ist ebenfalls von der gleichen Essenz. Die Technik des Meditationsprozesses bewirkt, dass sich die Seele mit dem Licht- und Klangstrom in uns verbindet. Es ist eine Methode, um außerhalb seines physischen Körpers zu reisen. Wenn wir unsere Aufmerksamkeit oder Seele an den Punkt bringen, wo sie sich mit dem Licht-und Klangstrom verbinden kann, taucht sie in ihn ein und reist durch ihn zu den höheren spirituellen Bereichen.

Vor dem sprunghaften Anstieg des Interesses an Nah-Tod-Erfahrungen in jüngster Zeit hatten nur wenige die Erkenntnis, dass sie Seele sind. Wir identifizieren uns so sehr mit unserem

Körper und unserem Gemüt, dass wir unser wahres Wesen vergessen haben. Die Seele ist vom selben Wesen wie Gott. Gott ist nichts als Liebe, Freude und Frieden, und unsere wahre Natur ist ebenfalls Liebe, Freude und Frieden. Wenn wir uns wieder mit unserer Seele identifizieren, können wir das göttliche Licht und die göttliche Liebe in uns erfahren. Dann werden wir auch unsere Unsterblichkeit erkennen. Der Tod des Körpers bereitet uns nicht länger Angst, weil wir während des Lebens gesehen haben, was im Jenseits ist.

Innere Welten durch Meditation betreten

Heilige und Mystiker, die diese Wahrheiten verwirklichten, gaben ihr Wissen an die Menschheit weiter. Sie lehrten uns die Methode, durch die wir mit dem Licht in uns in Verbindung kommen. Diese Methode ist als Meditation auf den Licht- und Klangstrom bekannt. Derselbe göttliche Strom, der von Gott ausgeht, kehrt auch zu ihm zurück. Er ist wie eine königliche Schnellstraße zurück zum Herrn. Der Zugangspunkt zu dieser Schnellstraße liegt in jedem von uns. Heilige haben die Fähigkeit, unsere Seele mit dieser »Autobahn« zu verbinden, sodass wir unsere Reise zurück zum Herrn beginnen können.

Der Verbindungspunkt liegt zwischen und hinter den Augenbrauen. Er wird das sechste Chakra oder das zehnte Tor genannt. Die großen Heiligen betonen die Wichtigkeit, sich an diesem Chakra zu konzentrieren, denn sie wissen, dass unsere Lebensspanne kurz ist. Wir haben nur sechzig oder siebzig, höchstens hundert Jahre, um Gott zu finden. Die Heiligen ermahnen uns, die Konzentration am höchsten Punkt zu beginnen, um unser Ziel schneller zu erreichen. Wenn wir in der Meditation mit dem inneren Licht- und Klangstrom in Verbindung kommen, können wir auf dem göttlichen Strom zurück zu Gott reisen.

Zuerst kommen wir auf die astrale Ebene und wir erfahren eine Welt von Schönheit, Glückseligkeit und Licht, die alle

Freuden dieser Welt übertrifft. Wir erleben eine Freude und ein Glück, die unser ganzes Wesen erfüllen.

Wenn wir unsere Reise fortsetzen, betreten wir die kausale Ebene. Das Glück und die Wonne werden immer größer, je weiter wir in immer höhere Regionen aufsteigen. Wenn wir die kausale Ebene durchquert haben, erreichen wir die suprakausale Ebene und erkennen, dass wir Seele sind. Auf dieser Ebene ruft die Seele »sohang« oder »das bin ich«. Zuletzt erreichen wir die rein geistige Region von Sach Kand, wo sich alle Schleier von Täuschung und Materie lüften und wir reine Seele sind – reines Licht und reine Bewusstheit. Hier verschmelzen wir wieder mit unserem Herrn. Der Wassertropfen wird eins mit dem Meer der Glückseligkeit. Die Erfahrung, mit Gott zu verschmelzen, hebt unsere Identität nicht auf, sondern vermittelt uns eher eine All-Bewusstwerdung. Wir gewinnen alles Licht, alle Liebe, alles Wissen, das Gott ist.

Wir alle müssen dem physischen Tod ins Auge blicken. Doch wer sich über den physischen Körper erheben kann, weiß, dass es keinen Tod gibt. Wir tauschen nur unseren physischen Körper gegen einen leichteren, geistigeren Körper. Es ist, als würde man einen Mantel ablegen und darunter eine dünnere Jacke tragen. Mit dem Wissen, was nach dem Leben ist, werden wir auch zur Quelle von Kraft und Trost für unsere Umgebung. Wir sprechen aus Überzeugung, wenn wir mit anderen das Wissen teilen, dass der Tod nur ein Wechsel von einer Existenzform zur anderen ist.

Transformation durch die innere Reise

Wenn wir meditieren und in uns mit der Quelle aller Liebe in Verbindung kommen, beginnen wir, diese Liebe auf andere auszustrahlen. Wir haben von der unglaublichen Verwandlung gelesen, die mit Menschen geschehen ist, die eine Nah-Tod-Erfahrung hatten. Der kurze Kontakt mit dem Lichtwesen und die Lebensrückschau lassen sie augenblicklich erkennen, was im

Leben wichtig ist. Sie erkennen, dass sie nichts aus dieser physischen Welt mit sich nehmen können. Das einzige, was mit ihnen geht, ist die Seele und die Aufzeichnung ihrer Gedanken, Worte und Taten. Sie sehen, wie wichtig es ist, liebevoll und hilfsbereit anderen gegenüber in dieser Welt zu sein. Das zählt in der anderen Welt. Wenn sie erkennen, dass die physische Welt nicht Wirklichkeit, sondern Täuschung ist, wenn sie erkennen, dass ihr wahres Selbst nicht der Körper, sondern die Seele ist, dann stellen sie fest, dass die kleinen Dinge im Leben, die offensichtlich Stress und Spannung erzeugen, nicht mehr wichtig erscheinen. Wenn sie ins Leben zurückkehren, bessern sie sich. Sie erkennen, dass das Leben ein großes Ziel hat. Dieses Ziel ist, das wahre Selbst und Gott zu finden. Sie erkennen den Wert liebevoller Beziehungen mit anderen und den Wert, der Menschheit auf der Erde zu dienen. Sie beginnen, sich um andere Menschen zu kümmern, und versuchen, Freude in deren Leben zu bringen. In der Meditation erfahren wir dieselbe Verwandlung. Liebe strahlt von uns zu allen Menschen aus. Wenn wir in fortwährender Verbindung mit dem inneren Licht und der inneren Liebe sind, breitet sich Göttlichkeit auf alle aus, die wir treffen. Wir beginnen, alle zu lieben, und andere ziehen aus unserer Gegenwart großen Frieden und Trost. Wir entwickeln Liebe für die ganze Schöpfung. Wir werden sanft und liebevoll zu allen, auch zu Tieren und niederen Lebensarten. So wie wir niemals daran denken würden, jemanden aus unserer Familie zu verletzen, so werden wir gegenüber allen in der großen Familie Gottes gewaltlos und liebevoll. Wir werden zum Hort aller ethischen Tugenden.

Wenn jeder von uns die Kunst der Meditation lernen würde, wäre die Welt von friedlichen und freundlichen Menschen erfüllt. Kriege und Konflikte würden enden. Wir würden alle inneren Frieden und Glückseligkeit erreichen und dies auf alle anderen ausstrahlen. Wir hätten nicht nur inneren Frieden, sondern auch äußeren. Dann könnten wir wie Sant Darshan Singh in einem seiner Verse sagen:

Die ganze Schöpfung lernt' ich innig lieben,
Deiner Liebe Botschaft ist mir wahrer Sinn des Lebens.

Die Heiligen und Mystiker kommen, um das Licht, den Frieden und die Glückseligkeit, die sie selbst gefunden haben, an die gesamte Menschheit weiterzugeben. Sie kommen, um uns das Licht zu zeigen, damit wir mehr Glück, Ruhe und Frieden erfahren können, als wir uns jemals träumen lassen. Wir müssen nicht warten, bis wir sterben, um die jenseitigen Welten kennen zu lernen. Wir brauchen nicht einmal eine Nah-Tod-Erfahrung und das damit verbundene physische Trauma, um das innere Licht zu entdecken. Es wartet innen auf jeden, genau in diesem Augenblick. Durch Meditation kann es jeder finden.

Übung

Leg dir einen Ordner mit Artikeln über Nah-Tod-Erfahrungen aus Zeitungen, Illustrierten und Magazinen an. Suche nach Ähnlichkeiten, die Menschen mit Nah-Tod-Erfahrungen hatten. Setz dich zur Meditation. Führe Aufzeich-
nungen über jede Erfahrung, die Elemente enthält, die mit Nah-Tod-Erfahrungen zu tun haben. Halte jede positive Veränderung als Ergebnis deiner Meditation fest.

9. Heilung durch Meditation

In den letzten Jahrzehnten haben die Menschen besonderes Augenmerk darauf gelegt, Wege der Heilung für Körper, Geist und Seele zu entdecken, um ein erfülltes Leben führen zu können. In der ganzen Welt wurden zahlreiche neue Techniken entwickelt, die den Menschen helfen sollen, körperlich, mental, emotional und spirituell gesund zu werden. Verschiedene alternative Heilmethoden entstanden, die zu einem gesunden Körper beitragen sollen. Im Bereich Selbsthilfe und persönliche Transformation kam viel Neues heraus, wodurch sich die Menschen emotional und mental besser fühlen sollen. Es werden auch viele Wege erforscht, um dem Menschen bei seiner spirituellen Entwicklung zu helfen.

Wenn ich an all diese Heilmethoden denke, so kenne ich eine weitere Methode, die ich von zwei großen Heiligen gelernt habe, von Sant Kirpal Singh und Sant Darshan Singh. Sie hatten Zugang zu einer Heilkraft, die in jedem von uns verborgen liegt.

Was ist nun diese Heilkraft oder heilende Kraft und wie können wir damit in Verbindung kommen? Ich beziehe mich nicht auf die Kraft, die von Menschen eingesetzt wird, die sich selbst als Heiler bezeichnen und eine Genesung des Körpers anderer Personen bewirken, indem sie die Hand auflegen oder psychische Kräfte einsetzen. Ich meine eine Kraft, durch die wir unseren eigenen Körper, unser Gemüt, unser Herz und unsere Seele heilen, indem wir mit einem heilenden Strom in Verbindung kommen, der sich bereits in uns befindet. Dieser heilende Strom ist als Licht- und Klangstrom bekannt. Alle Weltreligionen beziehen sich mit unterschiedlichen Bezeichnungen darauf: Logos, Naam, Shabd, Bani, Jyoti und Shruti, Kalma, Sarosha, Baang-e-Asmani, Stimme der Stille, und es gibt noch viele andere Namen dafür. Durch Meditation können wir mit diesem Strom in Verbindung kommen und zahlreiche Vorteile erlangen.

Heilung des Körpers durch Meditation

Um zu verstehen, wie Meditation unseren physischen Körper heilen kann, müssen wir zunächst erkennen, wie Krankheit und Unwohlsein entstehen. Es gibt verschiedene Gründe für körperliche Krankheiten. Ich möchte auf drei davon eingehen.

Erstens: Bestimmte Krankheiten entstehen aufgrund des Gesetzes von Ursache und Wirkung. Dies wird im Osten als das Gesetz des Karmas bezeichnet. Im Osten wird angenommen, dass wir für unsere guten Taten belohnt und für unsere schlechten Taten bestraft werden. Wir erhalten Lohn und Strafe vielleicht nicht sofort, sondern diese häufen sich zunächst in einem Vorratslager an. Zu einer bestimmten Zeit in der Zukunft wird das Gesetz der Gerechtigkeit im Universum danach trachten, dass jeder von uns seinen gerechten Lohn erhält. Einige unserer Krankheiten und Unfälle, die uns widerfahren, obwohl wir vorsichtig sind und obwohl wir auf unsere Gesundheit achten, sind das Ergebnis oder Karma unserer vergangenen Taten. Oft sind wir uns der Handlung, für die wir bestraft werden, nicht bewusst. Sie kann in der Vergangenheit des jetzigen Lebens liegen oder, wie es im Osten angenommen wird, auf ein früheres Leben zurückgehen.

Solche Krankheiten und Missgeschicke können nicht umgangen oder vermieden werden. Doch Meditation hilft uns auf zweierlei Weise. Zunächst kann unsere Aufmerksamkeit auf eine höhere Bewusstseinsstufe erhoben werden, so dass wir unsere Schmerzen nicht spüren. Wir ziehen dabei unsere Aufmerksamkeit vom Körper außen zurück, konzentrieren sie am Sitz der Seele und gelangen so in innere, höhere Bereiche, wobei wir mit einem Strom von Glückseligkeit und Freude in Berührung kommen, der unsere Aufmerksamkeit vom Leid dieser Welt abzieht. Durch fortgeschrittene Meditation können wir das Zurückziehen vom Körper und das Wiedereintauchen in die physische Welt bewusst kontrollieren und haben so im Inneren einen Zufluchtsort voller Glückseligkeit und Frieden, wo wir vor den Qualen körperlichen Leides sicher sind.

Ein weiterer Weg, wie uns Meditation helfen kann, die Auswirkungen des Gesetzes des Karmas zu verringern, besteht darin, dass sie uns davon abhält, neues Karma zu erzeugen, das wir sonst zu einem späteren Zeitpunkt abtragen müssten. Wenn wir meditieren, kommen wir mit einem Strom spiritueller Kraft in Verbindung und in dieser Zeit schaffen wir kein Karma, weder gutes noch schlechtes. Bei korrekter Meditation, wenn unser Körper und Gemüt zur Ruhe gekommen sind, beschäftigen wir uns nicht mit Dingen dieser Welt und haben dadurch weder gute Gedanken, Worte und Taten noch schlechte Gedanken, Worte und Taten. Während der Meditation denken, sprechen und handeln wir nicht. Daher erzeugen wir in dieser Zeit kein neues Karma, wofür unser Körper die Früchte ernten müsste. Das ist echte Vorsorge, denn wir verhindern das Entstehen von neuem Karma, das in der Zukunft Krankheiten oder Unfälle hervorrufen könnte.

Zweitens: Krankheiten entstehen auch dann, wenn wir uns unklug verhalten. Manche glauben fälschlicherweise, dass sie bei jeder Erkältung Karma abtragen. Das ist nicht notwendigerweise der Fall. Wenn wir im Hinblick auf die Gesundheit keine Vorsorge treffen und z. B. jemandem die Hand geben, der eine Erkältung hat, und uns dann die Augen reiben oder essen, ohne uns die infizierten Hände zu waschen, ist es möglich, dass auch wir eine Erkältung bekommen. Hätten wir Vorsichtsmaßnahmen ergriffen, hätten wir die Ansteckung vermeiden können. Wenn wir Karotten schneiden und dabei unachtsam sind, können wir uns verletzen. Wir können nicht für jede Krankheit oder jedes Ungeschick das Karma verantwortlich machen. Als Sant Darshan Singh einmal gefragt wurde, wie man unterscheiden kann, ob eine Krankheit auf Karma zurückzuführen ist oder nicht, gab er folgende generelle Richtlinie: »Wenn wir trotz all unserer Bemühungen, gesund zu bleiben, krank werden oder ohne absehbaren Grund wie aus heiterem Himmel einen Unfall haben, sollten wir das als Karma annehmen, das es abzuzahlen gilt. Wenn wir aber die Naturgesetze brechen, wird die Natur ihren Preis fordern.«

Daher entstehen manche Krankheiten nur, weil wir uns gegen die Natur verhalten. Hier kann Meditation wieder auf zweierlei Weise helfen: Erstens werden wir uns unserer Handlungen bewusster und sind vorsichtiger, wenn es darum geht, die Naturgesetze zu beachten. Und zweitens: Wenn wir die Naturgesetze gebrochen haben und daher krank sind, können wir meditieren, um uns über die Unannehmlichkeiten der Krankheit zu erheben und auf einer Ebene, wo wir uns des körperlichen Schmerzes nicht bewusst sind, Trost und Frieden zu finden. Betrachten wir nur die Nah-Tod-Erfahrungen, so erkennen wir, wie manche Menschen sehr qualvolle Unfälle erlitten und über den Schmerz erhoben wurden, als sie den Körper verließen. Sie konnten ihren verletzten traumatisierten Körper unter sich liegen sehen und spürten so lange keinen Schmerz, bis sie wieder in ihren Körper zurückkehrten. Solch ein Zustand ist mit fortgeschrittener Meditation durchaus vergleichbar und gewährt uns einen Einblick in die Kraft, die uns vor den Schmerzen beschützt, sofern wir uns in der Meditation vervollkommnen.

Drittens: Die dritte Ursache für Krankheit liegt in der Beziehung Körper – Gemüt. Medizinische Untersuchungen führen bestimmte Krankheiten auf unseren Gemütszustand und unsere emotionale Verfassung zurück. Man hat entdeckt, dass die körperliche Widerstandskraft gegenüber Krankheiten abnimmt, wenn wir unter mentalem Stress, emotionalem Schmerz oder Depressionen leiden. Wir werden für Krankheiten anfälliger, weil wir nicht in der Lage sind, unser Immunsystem intakt zu halten. Die Wissenschaft hat auf einige Krankheiten wie Herzerkrankungen, Verdauungsprobleme, Atembeschwerden und Migräne hingewiesen, die manchmal stressbedingt sind. Es hat sich herausgestellt, dass regelmäßige und genaue Meditation Stress verringert. Viele medizinische Zentren und Krankenhäuser bieten inzwischen Meditationskurse als Mittel an, um Stress zu reduzieren und bestimmte Krankheiten loszuwerden. Meditation kann uns also auch helfen, körperlich gesund zu werden, indem unser Gemüt und unser emotionaler Zustand geheilt wird.

Heilung des Gemüts durch Meditation

In dieser hektischen Welt wird unser Gemüt oft von Stress und Spannungen geplagt. Das Leben ist so kompliziert geworden, dass die Menschen anscheinend sehr viel zu tun haben, aber nicht genügend Zeit, um alles zu erledigen. Manche haben einen Beruf, der sehr viel Zeit und zu viel Verantwortung erfordert. Andere gehen zwei Beschäftigungen nach, um ihre Familie versorgen zu können. Zu viel Druck veranlasst viele dazu, scheinbar »auszurasten« – sie sind gereizt und überlastet und geraten aus dem Gleichgewicht. Sie beginnen, seltsame Dinge zu tun, und sind nicht mehr sie selbst. Manchmal laden sie ihren Frust bei ihren Lieben ab und verletzen diejenigen, die sie eigentlich am meisten lieben sollten.

Meditation ist ein Mittel, um das mangelnde Gleichgewicht, das durch den mentalen Stress im Leben entstanden ist, wiederherzustellen. Wenn wir Zeit für die Meditation aufbringen, schaffen wir uns einen ruhigen Hafen, wo wir unser Gleichgewicht in Frieden finden können, damit unser Gemüt wieder funktioniert. Untersuchungen haben gezeigt, dass die Gehirnwellen von Meditierenden mit einer Frequenz von 4 bis 10 Hz arbeiten, also in einem Zustand tiefer Entspannung. Ihr Gemüt kommt zur Ruhe, und auch ihr Körper. Könnten wir jeden Tag eine bestimmte Zeit in Meditation verbringen, würden wir feststellen, dass sich unser Stress deutlich verringert.

Neben der Stress reduzierenden Wirkung hat Meditation noch einen übergreifenden Effekt: Wir werden nämlich erkennen, dass wir bei unseren täglichen Aktivitäten unseren Gemütsfrieden eher bewahren. Wenn wir unsere Meditation vervollkommnen, können wir den ruhigen Gemütszustand selbst inmitten von Unruhe und Streitereien aufrechterhalten. Wir werden feststellen, dass wir unsere Reaktionen besser unter Kontrolle haben und angesichts der Konflikte anderer wie ein Pfeiler im Sturm dastehen.

Ein weiterer Vorteil der Meditation ist die Veränderung unseres Blickwinkels. Wenn wir uns über das Körperbewusstsein erheben, erkennen wir, dass unser Sein mehr umfasst als das, was wir in der physischen Welt erleben. Wir lösen uns mehr und mehr von Ereignissen und Problemen, die uns vielleicht in der Vergangenheit beeinträchtigt haben. Wir erkennen die höheren Zusammenhänge und die höheren Werte des Lebens. Alle, die Nah-Tod-Erfahrungen hatten, berichteten, dass es wichtig ist, andere zu lieben und ihnen zu helfen. Die kleinen Unannehmlichkeiten des Lebens kümmerten sie nicht mehr, weil sie wussten, dass dann, wenn sie die Welt verlassen, nichts anderes zählt als das, wie liebevoll und hilfreich sie im Leben waren. Durch Meditation erreichen wir denselben Standpunkt. Bei all den unbedeutenden Kleinigkeiten des Lebens regen wir uns daher nicht auf, sondern richten unsere Aufmerksamkeit auf höhere Ziele.

Somit erreichen wir durch Meditation eine Heilung unseres mentalen Zustandes und entwickeln mit der Zeit die nötige Besonnenheit, um in dieser Welt effektiver und friedvoller handeln zu können.

Heilung von emotionalem Leid durch Meditation

In den letzten Jahrzehnten hat sich das Familienleben drastisch verändert. Da oft beide Elternteile arbeiten müssen, haben die Menschen immer weniger Zeit für ihre Kinder, die dann von Babysittern, in Kinderpflegezentren und Tagespflegezentren großgezogen werden. Durch den Zerfall der Großfamilien fehlt den Kindern der Zugang zu den Großeltern und Tanten und Onkeln, die sich um die Kinder kümmern könnten, wenn die Eltern arbeiten. In zunehmendem Ausmaß erhalten die Kinder nicht die Liebe und Aufmerksamkeit, die sie brauchen, um ganzheitliche und emotional gesunde Menschen zu werden. Es gibt sogar Missbrauch und krankhafte Beziehungen, wie Drogen- und Alkoholabhängigkeit, Kindesmisshandlungen und Grausamkeiten innerhalb der Familien.

Da die Gesellschaft heute die akademischen Berufe und die Karriere zu wichtig nimmt, haben wir nicht genügend Zeit investiert, um zu lernen, wie wir mit anderen umgehen, wie wir gute Beziehungen aufbauen, Fertigkeiten und Fähigkeiten für ein gesundes Eheleben entwickeln und wie wir mit emotionalen Problemen zurechtkommen. Was man zunächst für ein Problem einiger weniger hielt, wurde nun zum Problem der Massen – psychisches und emotionales Leid. Psychologen führen dies oft auf eine unerfüllte Kindheit zurück. Die populäre Bezeichnung im Westen für diesen Zustand heißt »das innere Kind heilen«. Dies bezieht sich auf die Gefühle, die wir als Kind hatten und die niemals zurechtgerückt wurden. Wir wurden vielleicht von unseren Eltern verletzt oder misshandelt, wir haben uns vielleicht ungeliebt gefühlt, nicht umsorgt, verlassen, zurückgestoßen und beschämt. Wenn die Erwachsenen, die dem Kind etwas bedeuten, nicht helfen, diese Probleme zu lösen, nimmt es die entstandenen Wunden in sein Erwachsenendasein mit. Es hat den Anschein, als ob das emotionale Wachstum auf der Ebene der Kindheit stehengeblieben ist. Während die Kinder groß werden und den Körper und die geistige Fähigkeit von Erwachsenen bekommen, arbeiten ihre Emotionen noch immer auf der Ebene der Kindheit. Wenn sie daher von anderen Erwachsenen verletzt, kritisiert, zurückgewiesen oder nicht liebevoll behandelt werden, reagieren solche Erwachsenen wie Kinder: Sie weinen, laufen davon, ziehen sich zurück, bekommen einen Wutanfall und benehmen sich kindisch unter anderen Erwachsenen. Der Krisenschmerz reißt die Wunden der Kindheit von neuem auf, und sie durchlaufen als Erwachsene immer wieder denselben Kummer. Bei jeder Verletzung vergrößert sich die Narbe der Wunde. Anstatt zu heilen wird das Trauma immer größer, und manche werden derart übersensibel, dass sie eine Neurose entwickeln, in der sie mit Erwachsenenproblemen nicht mehr umgehen können. Sie beginnen, anderen aus dem Weg zu gehen, errichten Mauern um sich oder werden in den geringsten Konfliktsituationen aggressiv.

Meditation kann die verschiedenen Therapieformen, die zur Heilung emotionaler Probleme angewendet werden, unterstützen und ergänzen. Wenn die Menschen an ihren emotionalen Problemen arbeiten – oftmals unter Anleitung erfahrener Spezialisten –, können sie den Heilungsprozess durch Meditation beschleunigen bzw. die heilende Wirkung vergrößern. Meditation hilft in mehrfacher Hinsicht bei emotionalen Problemen.

Erstens, wenn wir uns über das Körperbewusstsein erheben, können wir unser Leben von einem höheren Standpunkt aus betrachten. Wir beginnen, die Wurzeln unseres Leides zu erkennen, und können beginnen, die Probleme zu lösen. Viele wissen nicht einmal, warum sie auf eine bestimmte Art und Weise handeln. Wenn wir unser Bewusstsein erweitern, werden wir uns der Ursachen so mancher Gefühle bewusst. Wir können dann den Bereich in unserem Leben bestimmen, an dem wir arbeiten müssen.

Zweitens kommen wir in der Meditation mit der Quelle aller Liebe in Verbindung. Der Licht- und Klangstrom ist vom selben Wesen wie unsere Seele und die Überseele. Dieses Wesen ist Liebe, Bewusstheit und Glückseligkeit. Wenn wir damit in Berührung kommen, erfahren wir göttliche Liebe. Wir verbinden uns mit der Liebe Gottes, die in uns verborgen ist. Es heißt: »Gott ist Liebe, unsere Seele ist Liebe, und der Weg zurück zu Gott geht über die Liebe.« Wir haben als Kind vielleicht keine Liebe erfahren und leiden noch immer an den Wunden, doch die Verbindung mit der göttlichen Liebe füllt diese Leere mit mehr Liebe auf, als wir uns jemals vorstellen konnten. Wir können einen Einblick in diese Liebe gewinnen, wenn wir etwas über Nah-Tod-Erfahrungen lesen. Viele, die solche Erfahrungen gemacht haben, schreiben, in die Gegenwart eines Lichtwesens gekommen zu sein, das mehr Liebe verströmte, als sie jemals in ihrem ganzen Leben erfuhren. Diese Liebe war tatsächlich so tief und so erfüllend, dass viele nicht mehr in ihren Körper zurückkehren wollten! Doch eine Nah-Tod-Erfahrung berührt nur die Schwelle zu den höheren Regionen. Die Heiligen und Religionsgründer, die durch Gebet und Meditation noch höher gestiegen sind, beschrieben in ihren Schriften die überwältigende Liebe, die sie im Jenseits erlebten. Die Heilige Katharina von Siena bezeichnet dies als mystische Hochzeit mit Gott. Mystiker und Heilige aus Indien und Persien sprechen von der Vereinigung mit Gott als ewiger Hochzeit mit ihrem Geliebten. Wenn wir in diese Liebe eintauchen, wird die Leere aufgefüllt, die vom Leid in der Kindheit in unserem Herzen zurückgeblieben ist. So kann emotionales Leid durch Meditation wirklich effektiv geheilt werden.

Heilung der Seele durch Meditation

Noch intensiver als die körperlichen Schmerzen, die Schmerzen des Gemüts und die emotionalen Schmerzen ist das Leid der Seele. Der Hunger nach Gott verursacht einen Schmerz, der weit tiefer als jede andere Form von Qual ist. Der Heilige Johannes vom Kreuz bezeichnet ihn als »die dunkle Nacht der Seele«. Wir wollen unseren Schöpfer sehen, wir möchten die letzte Wahrheit erkennen und wir wollen das Mysterium unseres Daseins enthüllen. Sant Kirpal Singh sagte einst: »Wenn einmal die Frage nach dem Mysterium des Lebens und des Todes in unserem Herzen aufkommt, können wir nicht ruhen, bis wir die Antwort gefunden haben.« Tatsächlich hat er selbst Tage und Nächte lang Tränen für Gott vergossen, damit Er ihn zu jemandem führe, der die Antworten auf diese Mysterien geben kann.

Wenn uns spirituelle Sehnsucht erfasst, beginnen wir unsere Suche. Dies ist unser spirituelles Erwachen. Wir suchen vielleicht in unserer Religion nach den Antworten. Wir lesen die heiligen Schriften, besuchen Stätten der Gottesanbetung und vollbringen Riten und Rituale. Finden wir dort nicht die Antwort, suchen wir in anderen Religionen und Glaubensrichtungen. Finden wir auch dort nicht die Antwort, beginnen wir mit Yoga oder einer spirituellen Übung. Wenn wir schließlich den Pfad analysieren, den die Heiligen, Mystiker, Religionsgründer und spirituellen Lehrer, die alle die Antworten gefunden haben, gegangen sind, gelangen wir zum selben Schluss: Der Weg liegt in uns und wir können ihn durch Meditation erreichen.

Meditation kann unsere Seele in Bereiche erheben, in denen wir die Antworten auf all unsere spirituellen Fragen finden. Wir können in die Regionen reisen, die uns erwarten, wenn wir unseren physischen Körper zum Zeitpunkt des Todes verlassen. Die brennende Frage »Wohin gehen wir nach dem Tod?« wird beantwortet, weil wir bereits in der Meditation dorthin gereist sind. Der Tod erfüllt uns nicht länger mit Furcht, weil wir selbst sehen, dass er uns mehr Glückseligkeit, Freude und Liebe bringt, als wir uns jemals vorstellen konnten.

Wir erkennen uns selbst als Seele, als ein Licht Gottes, und wissen, dass wir ein Teil, ein Tropfen der Überseele sind. Schließlich erreichen wir eine Stufe, auf der wir mit Gott verschmelzen und allbewusst werden. Auf dieser Stufe der Vereinigung wird unser spiritueller Durst gestillt und wir sehnen uns nicht länger nach Liebe, sondern werden selbst zur Liebe.

Heilung der Welt durch Meditation

Wenn jeder sein Leid durch Meditation heilt und dadurch Integrität erreicht, ereignet sich ein anderes Phänomen. Jeder wird zu einem Werkzeug, das die Heilung des Planeten bewirkt. Wenn wir innerlich friedvoll werden, wenn unser körperliches, mentales, emotionales und spirituelles Leid geheilt ist, strahlen wir diesen Frieden auf andere aus. Wir sind nicht mehr eine Quelle des Konflikts, sondern ein Heilmittel für Konflikte. Wir verletzen andere nicht mehr – weder in Gedanken, noch in Worten oder Taten. Stattdessen tragen wir Balsam auf die Wunden der anderen auf.

Erheben wir uns in der Meditation über diese Welt, sehen wir das Licht Gottes in allem und lieben die gesamte Schöpfung als eine Familie Gottes. Wir werden ein Vermittler des Friedens und ein Botschafter der Selbstlosigkeit und der Liebe. Wenn jeder seinen Mitmenschen Sanftmut entgegenbrächte, würde es nicht mehr lange dauern, bis unsere Welt von den Wunden des Krieges, des Hasses und der unmenschlichen Taten geheilt würde. Äußerer Friede wäre uns sicher, und ein goldenes Zeitalter der Spiritualität würde beginnen.

Die Lösung für all unsere Probleme und die Probleme der Welt ist nicht teuer. Sie kostet nichts und ist für jeden Menschen auf diesem Planeten zugänglich. Verbringen wir täglich einige Zeit in Meditation, so werden wir in beständiger Verbindung mit einer heilenden Kraft sein, die unser Leben umwandeln und uns die Erleichterung und den Trost spenden kann, den wir für ein friedvolles und glückliches Leben brauchen.

Teil II

Persönliche Transformation

10. Persönliche Transformation durch Meditation

In Labors, in denen Computer hergestellt werden, gibt es spezielle Räume, wo man bestimmte Teile zusammensetzt. Diese Teile sind so winzig und empfindlich, dass sie möglicherweise nicht funktionieren, wenn sich auch nur ein winziges Staubkörnchen auf ihnen festsetzt. Um das zu verhindern, wird in isolierten und staubfreien Räumen gearbeitet. Die Arbeiter müssen einen Mundschutz und Handschuhe tragen, um die Möglichkeit auszuschließen, dass Staub die Bauteile verunreinigt.

Auf dem Gebiet der Medizin ist man besonders vorsichtig, wenn jemand eine ansteckende Krankheit hat, damit die Keime nicht auf andere übergehen. Es gibt bestimmte Krankheiten, bei denen die Übertragung des geringsten Virus tödlich sein kann. Die Sorge um den Schutz unseres Körpers und bei der Herstellung wissenschaftlicher Bauteile ist ein Beispiel dafür, wie wir uns um unsere Seele kümmern sollten.

Unser wahres Selbst ist die Seele. Wir glauben, dass wir der physische Körper sind, der an einem bestimmten Tag in unserem jetzigen Leben geboren wurde und bis zum Zeitpunkt unseres Todes existieren wird. Doch unser wahres Selbst bestand schon vor unserem Geburtsdatum und wird auch nach unserem physischen Ende weiterbestehen. Es ist wichtig, sich um unseren physischen Körper zu kümmern, weil wir fit sein müssen, um in dieser Welt effektiv wirken zu können. Es ist auch wichtig, unser Gemüt zu entwickeln, damit wir produktive und erfüllende Arbeit zu leisten vermögen. Doch Körper und Gemüt werden nur für eine Lebensspanne von sechzig, siebzig oder hundert Jahren bei uns sein. Was mit unserer Seele geschieht, ist eine Frage der Ewigkeit. Dies bestimmt unser Schicksal für viele Leben und Äonen in der Zukunft. Wir müssen verstehen, wie wir uns mit dem Zustand unserer Seele identifizieren können und wie wir dafür sorgen können, spirituelles Bewusstsein zu erlangen.

Die Auswirkung der Gedanken
auf unsere Meditation

Solange unsere Aufmerksamkeit auf die Welt um uns, auf den physischen Körper und unseren beständigen Gedankenstrom gerichtet ist, sind wir nicht in der Lage, unsere Sinnesströme zum Sitz der Seele zurückzuziehen. Um erfolgreich mit dem inneren Licht und Klang in der Meditation in Verbindung zu kommen, müssen wir uns konzentrieren. Wenn wir nur für einige wenige Augenblicke meditieren wollen, werden wir feststellen, wie uns unsere Gedanken ablenken. Wir beginnen, uns an unsere Handlungen und Worte und an unsere Gespräche mit anderen zu erinnern. Wir beginnen, über die Vergangenheit nachzudenken und uns über die Zukunft Sorgen zu machen. Das Gemüt beschäftigt uns mit einem permanenten Strom von Gedanken und Ideen, der uns von der Konzentration abhält. Wenn wir spirituelles Bewusstsein erlangen wollen, müssen wir unser Gemüt während der Meditation beruhigen.

Alles, was wir in unserem täglichen Leben denken, sagen und tun, wird großen Einfluss auf unseren Gemütszustand während der Meditation haben. Wir brauchen nur unsere Verfassung nach einem wunderbaren, friedlichen Tag, den wir mit unseren Lieben verbracht haben, mit unserem Zustand an einem Tag vergleichen, an dem wir uns ständig mit unserem Chef bei der Arbeit auseinandergesetzt haben. Wenn unser Tag friedlich verläuft, ist es viel einfacher, das Gemüt zur Konzentration ruhig zu stellen. Wenn wir aber von Problemen bewegt werden, müssen wir uns gewaltig anstrengen, um sie zu vergessen und ruhig und still zu sitzen. Der Schlüssel zu spirituellem Bewusstsein liegt in einer Lebensführung, in der wir immer Ruhe und Gleichmut bewahren. Lernen wir einmal diese Kunst, dann können wir unser Gemüt trainieren und bei der Meditation mit der erforderlichen Ruhe und Stille sitzen, um die spirituellen Bereiche zu betreten.

Unsere Seele kann in die spirituellen Bereiche nicht vordringen, solange sie nicht von allen Unreinheiten befreit ist – ein einfaches Gesetz. Wurde unser Gemüt mit negativen Gedanken verunreinigt, können wir bei der Meditation nicht still sitzen. Bevor wir nicht mit voller und ungeteilter Konzentration meditieren, werden wir nicht in der Lage sein, unsere Seele an dem Punkt zu sammeln, von dem aus wir mit dem inneren Licht und Klang in höhere Bereiche reisen können. Aus diesem Grund haben Heilige und Mystiker im Verlauf der Jahrhunderte immer betont, wie wichtig es ist, ein ethisches Leben zu führen. Durch die Entwicklung edler Tugenden wird der ursprüngliche Zustand der Seele, als sie noch eins mit Gott war, wiederhergestellt. Dieser Zustand ist reiner Geist, reine Liebe, reines Bewusstsein.

Reinigung unserer Seele

Analysieren wir uns selbst, werden wir feststellen, dass unsere Seele von einer Schicht von Unreinheiten umhüllt ist, die durch zahllose Gedanken, Worte und Taten, die wir im Verlauf unseres Lebens begangen haben, entstanden ist. Erleuchtete Seelen haben die Menschheit gelehrt, wie man negative Gewohnheiten ändert, damit die Seele den Zustand der Gedankenreinheit und des Gleichmutes erreicht, um bei der spirituellen Suche erfolgreich zu sein. Sie selbst haben sich aus den Fängen von Gemüt, Materie und Illusion befreit. Sie kennen den Weg durch die heimtückischen Meere und können uns Führung und Anleitung bieten, damit auch wir das Ziel der Reise sicher erreichen.

Um mit Gott wieder eins zu werden, muss unsere Seele von allem frei sein, was nicht spirituell, nicht bewusst und nicht Liebe ist. Das Tor zu spirituellen Bereichen steht nur für diejenigen offen, die in ihrer Seele rein sind. In dieser Welt brauchen wir die richtige Qualifikation, um in eine bestimmte höhere Schule aufgenommen zu werden oder einen bestimmten Job zu erhalten. In ähnlicher Weise stellt Gott bestimmte Anforderungen an die Seele, die Sein Heim betreten will. Die grundlegende Voraussetzung ist Reinheit der Seele – erlaubt ist nicht einmal ein winziges

Fleckchen an Unreinheit. Da uns Zeitalter voller negativer Eindrücke umhüllen – wie können wir jemals hoffen, gereinigt zu werden?

Die Zeit, die wir für die Meditation und die Entwicklung der ethischen Tugenden einsetzen, liegt im Bereich unserer freien Entscheidung. Verbringen wir unsere Zeit damit, beschützen wir unsere Seele vor den Flecken neuer karmischer Verstrickungen.

Es ist wichtig zu verstehen, dass Meditation und das Führen eines ethischen Lebens ein Sprungbrett für das Königreich Gottes sind.

Der Vorgang der Meditation auf das innere Licht und den inneren Klang reinigt unsere Seele. Dabei sammeln wir unsere Aufmerksamkeit am Dritten Auge oder Einzelauge zwischen und hinter den beiden Augenbrauen. Wir sitzen in einer entspannten und bequemen Haltung, in der wir so lange wie möglich verharren können. Während dieser Zeit ziehen wir unsere Aufmerksamkeit für eine bestimmte Zeit von der Welt, vom Körper und von den Gedanken zurück. Unser Gemüt muss zur Ruhe gebracht werden, damit wir die inneren Manifestationen Gottes sehen können.

Während der Meditation müssen wir es mit unserem Gemüt aufnehmen, dessen Aufgabe es ist, uns an die äußere Welt zu binden. Es wird versuchen, einen Gedanken nach dem anderen zu erzeugen. Das Gemüt ist ein mächtiger Agent, der es liebt, sich in den Attraktionen der Welt zu verlieren. Solange sich unsere Seele mit dem Gemüt identifiziert, wird sie ebenfalls zu den weltlichen Versuchungen hingezogen. Die Kraft des Gemüts ist eines der größten Hindernisse auf unserem Weg zurück zu Gott. Es wird uns veranlassen, immer mehr Karma für unser bereits volles Vorratslager anzuhäufen.

Es gibt drei Arten von Karma: Das Sanchit- oder Vorratskarma – das ist das Karma, das wir in unseren vergangenen Leben angesammelt haben. Dann gibt es das Pralabd- oder Schicksalskarma – das ist jener Teil des Sanchit- oder Vorratskarmas, der uns für das gegenwärtige Leben zugemessen ist. Schließlich gibt es das Kriyaman- oder tägliche Karma, das ist das neue Karma, das wir im jetzigen Leben erzeugen. Am Ende unseres Lebens wird das Kriyaman-Karma zu einem Teil des Vorratskarmas. Betrachten wir diese drei Arten von Karma, können wir erkennen, warum unser Vorratslager voll ist und wie schwierig es ist, uns seinem Einfluss zu entziehen.

Je mehr wir mit dem inneren Licht in Verbindung kommen, desto mehr wird unsere Seele von diesen drei Arten des Karmas gereinigt. Sie wird immer reiner, bis sie geeignet ist, die spirituellen Bereiche wieder zu betreten.

Viele glauben, dass gute Taten unsere Heimkehr zu Gott bewirken. Doch nur wenige erkennen, dass auch gute Taten unserem karmischen Vorratslager dazugezählt werden. Ob wir gute oder schlechte Handlungen begehen, wir vollbringen jedenfalls Werke, für die wir entweder belohnt oder bestraft werden müssen. Krishna sagte, dass sowohl gute als auch schlechte Taten wie Ketten aus Gold oder Eisen sind, die uns an die Welt binden. Doch die Zeit, die wir in Meditation und in der Erinnerung an Gott verbringen, erzeugt kein neues Karma und bindet uns nicht an die Welt. Es ist eine Handlung, die unsere Reise zurück zu Gott beschleunigt.

Die Kraft der Meditation wandelt uns um

Licht und Klang sind ein Strom der Liebe. Wenn wir meditieren, berührt die göttliche Liebe unsere Seele. Sie durchdringt unser Wesen und erfüllt uns mit Glückseligkeit. Die Verbindung mit dieser berauschenden Kraft verwandelt uns. Das Ergebnis ist, dass wir liebevoller werden. Wir entwickeln Liebreiz und Güte, die von unserer Seele ausstrahlen. In diesem Zustand machen wir keine Fehler mehr, die unsere Seele beschmutzen. Unser Herz wird liebevoll, und wir können niemanden mehr verletzen oder beleidigen. Wir können nur noch liebevolle Worte sprechen und gute Taten vollbringen. Wir werden friedvoller und sind weniger anfällig für Ärger. Wir werden liebevoll und demütig. Sant Darshan Singh betonte oft: »Verlieren wir uns in der Liebe unseres Geliebten, wo ist dann noch Zeit, um an andere zu denken? Wo ist dann noch Zeit, um sich in eitler Rede und Kritik zu ergehen?« Verlieren wir unser Herz und unsere Seele in der Liebe des Schöpfers, wird unser Leben spiritueller und erhabener.

Tägliche Meditation hilft uns, den negativen Auswirkungen und Eindrücken, denen wir in unserem täglichen Leben in der Welt ausgesetzt sind, entgegenzuwirken. Die Anziehung der Welt ist sehr stark, und wir brauchen alle Hilfe, die wir bekommen können, um uns weiterhin auf unser Ziel zuzubewegen. Unsere Seele, die vom selben Wesen wie Gott ist, erfährt Glückseligkeit in der Gegenwart reiner Bewusstheit. Kosten wir einmal von den göttlichen Wassern des inneren Tonstromes, wollen wir immer mehr davon trinken. Dies lenkt unsere Aufmerksamkeit auf das Ziel, in die himmlischen Regionen zu reisen. Die Anziehungskraft der äußeren Freuden lässt nach. Wir sind auch vor den negativen Eigenschaften geschützt, die mit jeder äußeren Versuchung einhergehen. Wenn wir nicht in den weltlichen Wünschen aufgehen, sind wir weniger ärgerlich, weniger gierig, weniger egoistisch und weniger habgierig. Da es unser Ziel ist, die inneren Welten zu erreichen, fallen alle negativen Gewohnheiten, die durch die weltlichen Verhaftungen entfacht wurden, allmählich ab.

Bei der Reise zurück zu Gott ist unbedingt notwendig, ethische Tugenden zu entwickeln. Eine Möglichkeit dazu besteht einfach darin, in den Ozean der Liebe einzutauchen und so darin aufzugehen, dass wir keine Zeit und kein Interesse mehr haben, uns mit negativen Gewohnheiten und Fehlern einzulassen. Wir sind dann in der Liebe Gottes so verloren, dass wir keine Zeit haben, andere zu kritisieren oder uns wegen unwichtiger Dinge auseinanderzusetzen. Wir haben keine Zeit, um über Besitz zu streiten. Stattdessen sind wir nur daran interessiert, unsere Seele wieder mit Gott zu vereinigen und unsere Zeit mit solchen Aktivitäten zu verbringen, die uns schneller ans Ziel führen.

Bevor wir diesen Zustand erreichen, müssen wir beharrlich einen Fehler nach dem anderen beseitigen und durch positive

Tugenden wie Gewaltlosigkeit, Wahrhaftigkeit, Reinheit, Demut, selbstloses Dienen und konsequente vegetarische Ernährung ersetzen. Wir müssen halluzinogene Drogen und Alkohol meiden, da sie unser Bewusstsein verringern und somit unserem Ziel, ständig bewusster zu werden, entgegenstehen. Solange wir weiterhin solche Fehler begehen, beschmutzen wir unsere Seele mit immer mehr Flecken und häufen immer mehr Karma an. Am Ende jeden Tages müssen wir unsere Gedanken, Worte und Taten überprüfen und bewerten, um uns unserer Fehler in den jeweiligen Bereichen bewusst zu werden. Dann entschließen wir uns, es am folgenden Tag besser und keine Fehler mehr zu machen.

Wenn wir Gott in diesem Leben erreichen wollen, sollten wir täglich meditieren. Wir können unsere lange, lange Vergangenheit nicht rückgängig machen, aber wir können auf unsere Zukunft achten. Wir können unsere Unterscheidungskraft einsetzen und eine Entscheidung treffen, die unserer Seele hilft, ihr ewiges Ziel in diesem Leben zu erreichen. Die spirituellen Adepten haben uns ein Vorbild für unsere persönliche Umwandlung gegeben. Es liegt an uns, den ersten Schritt zu tun.

Übung

Beobachte dich einige Tage. Notiere, wie oft deine Gemütsruhe gestört wurde. Vermerke jene Ereignisse, die deinen Frieden beeinträchtigen. Ist es vielleicht Ärger? Ist es Gier? Ego?

Sobald Gedanken aufkommen, die deine Ruhe stören, sage zu dir: »Diese Gedanken werden meine Gemütsruhe stören, die aber nötig ist, um eine fruchtbare Meditation zu erleben.« Beobachte dich selbst und stelle fest, wie du die Anzahl der Störungen von Tag zu Tag verringern kannst.

Konferenzen und Feierlichkeiten haben in Delhi immer einen großen Rahmen. Nicht selten nehmen bis zu 100.000 Menschen teil.

17वां विश्व आध्यात्मिक सम्मेलन
17th GLOBAL CONFERENCE ON MYSTICI
12 - 20 September, 2009 Kirpal Bagh, Delhi, India
SAWAN KIRPAL RUHANI MISSION

Vortragsreisen nach London (2011), Berlin (2010), München (2009)

Rajinder Singh ist immer ansprechbar

Abb. oben: Rajinder Singh trifft Papst Johannes Paul II. am 3. Nov. 1994 im Vatikan, Rom, anlässlich der Eröffnung der 6. Weltkonferenz für Religion und Frieden.
Abb. unten: 6. Feb. 1994 – der Dalai Lama mit Rajinder Singh auf der 7. Konferenz der Weltgemeinschaft der Religionen in Delhi, Indien.
 Abb. rechte Seite oben: 28. Aug. 2000 – Rajinder Singh bei seinem Vortrag während des Millennium-Weltfriedengipfels bei der UNO, New York
Abb. rechte Seite unten: 13. Nov. 2008 – Rajinder Singh wird die Ehrendoktorwürde der Universidad de la Comunicación, Mexiko City, Mexiko, verliehen.

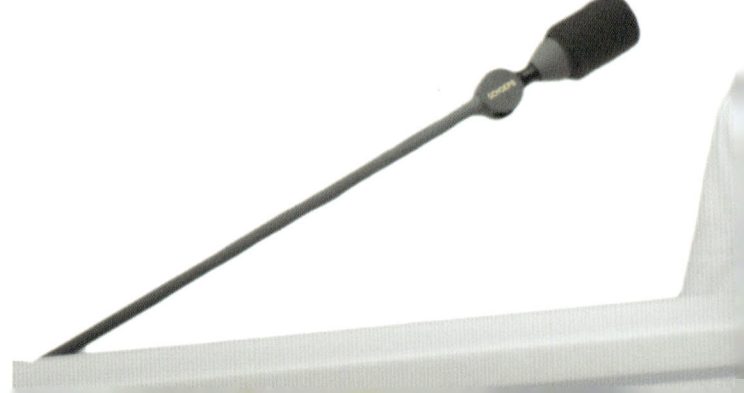

Rajinder Singh markiert das ›dritte Auge‹, den Sitz der Seele

Nov. 2008 im Design Center, Linz, Austria
Kleines Bild: Feb. 2008 – eine der jährlich stattfindenden internationalen
Konferenzen zur Einheit der Menschen in Delhi, Indien

11. Ein Leben der Gewaltlosigkeit

Wenn wir die Seiten der Geschichtsbücher durchblättern, entdecken wir Geschichten über Kriege und Eroberungen. Zu einer bestimmten Zeit ist eine Nation vielleicht der Eroberer und ein Jahrhundert später wird sie selbst erobert. Länder und Wohlstand wechseln oft ihren Besitzer. Kriege wurden wegen Gebieten, Reichtümern, Religionen und politischen Ideologien ausgefochten. Die Ursachen für die einzelnen Konflikte sind verschieden, doch alle gehen mit dem Verlust von Leben, unermesslichem Leid und Schmerz einher.

In periodischen Abständen tauchen Philosophen und große Denker auf, die zum Ausdruck bringen, wie kostbar und heilig das Leben ist. Sie versuchen, unter ihren Zeitgenossen die Botschaft zu verbreiten, dass Macht, Besitz und Stolz es nicht wert sind, selbst ein einziges menschliches Leben aufs Spiel zu setzen. Wir haben Vorbilder, wie Mahatma Gandhi im Osten und Dr. Martin Luther King im Westen, die die Botschaft der Gewaltlosigkeit predigten. Durch gewaltfreie Methoden führte Gandhi Indien zur Unabhängigkeit, während Dr. Martin Luther King so den Afro-Amerikanern half, zivile Rechte zu erlangen.

Die Menschheit erkennt die Größe solcher Seelen an, die ihren Ärger unter Kontrolle hatten und sich von Gewalt fernhielten. Jedes Jahr erhält jemand den Nobelpreis für sein Werk. Zahlreiche andere Belohnungen werden von religiösen, zivilen und sozialen Gruppen für individuelle Verdienste um den Frieden ausgegeben. Wenn Frieden in unserer Gesellschaft einen so hohen Stellenwert besitzt, erhebt sich die Frage, warum wir ihn vermissen. Ist Frieden in dieser Welt möglich und wie können wir ihn erlangen? Diese Fragen sind nicht nur für die Zukunft unseres Planeten von Bedeutung, sie sind auch unabdingbar für diejenigen, die den spirituellen Pfad beschreiten möchten. Eine der wichtigsten Grundlagen der Spiritualität ist Gewalt -losigkeit. Um das Königreich Gottes zu betreten, dürfen wir kein einziges Lebewesen verletzen – weder in Gedanken noch in Worten noch in Taten. Unsere Seele muss frei von jeglicher Gewalt sein.

Jede Lebensart hat einen Zweck

Die gesamte Schöpfung wurde von Gott ins Leben gerufen. Jedes Lebewesen, ob Säugetier oder Insekt, ist Teil Seiner Arbeit. Obwohl uns das Leben der winzigen Arten unbedeutend erscheinen mag, steckt dennoch hinter jeder Lebensform eine bestimmte göttliche Absicht.

Jedes Lebewesen wird von einer Seele belebt. Jedes Wesen in der Schöpfung ist auf der Reise zurück zu Gott, zur Quelle, von der es einst ausging. Auf dieser Reise gehen die Seelen von einem Leben zum anderen, in der Hoffnung, die menschliche Gestalt zu erlangen. Der menschliche Körper wird als die höchste Form der gesamten Schöpfung angesehen. Es ist die einzige Form, in der wir Gelegenheit haben, uns über diese physische Welt zu erheben und zu Gott zurückzukehren. Wir sind sehr begünstigt, weil wir eine menschliche Geburt erhalten haben. Dies ist unsere goldene Gelegenheit, um Gott zu erkennen. Wenn wir diese Chance in diesem Leben versäumen – wer weiß, wann wir wieder eine menschliche Geburt erhalten. Wir müssen dann von neuem den Zyklus durchlaufen, der als Rad der Seelenwanderung oder Rad der 8,4 Millionen Lebensarten bekannt ist.

Beschenkt mit dem menschlichen Körper, haben wir eine zweifache Verantwortung. Die eine betrifft uns selbst. Wir sollten dieses kostbare Geschenk bestmöglich nutzen und unser Leben dazu verwenden, uns selbst und Gott zu erkennen. Zweitens sollten wir auch der Schöpfung Gottes dienen. Wir müssen erkennen, dass die in den verschiedenen Lebensarten verkörperten Seelen alle großen Schmerzen ausgesetzt sind. Die niederen Lebensformen bewohnen Körper, in denen sie ständig um ihr Überleben kämpfen müssen. Der Sinn ihres Lebens besteht darin, zu fressen, Schutz zu suchen und sich zu vermehren. Ihnen fehlt die Möglichkeit, sich selbst und Gott zu erkennen. Wir müssen Mitgefühl für alle Lebensformen haben. Sie leiden bereits genug; wir dürfen ihnen kein zusätzliches Leid zufügen.

Gewaltlosigkeit ist für die spirituelle Entwicklung notwendig

Es gibt mehrere Gründe, warum diejenigen, die dem spirituellen Pfad folgen, Gewaltlosigkeit üben sollen. Einer hängt mit dem Gesetz des Karmas zusammen. Dieses Gesetz besagt, dass auf jede Handlung eine Reaktion erfolgt. Was wir säen, müssen wir auch ernten. Alles, was wir tun, wird unserer karmischen Rechnung als Schuld oder Guthaben zugeschrieben. Wenn wir irgendeinem Lebewesen Leid antun, müssen wir dafür bezahlen. Die meisten leben, ohne von diesem Gesetz zu wissen. Sie verletzen andere, ohne sich der Folgen bewusst zu sein. Obwohl es Gerichtshöfe gibt, die manche Verbrechen ahnden, bleiben anscheinend dennoch viele Vergehen unbestraft. Wir glauben vielleicht, der Strafe entgangen zu sein, doch früher oder später müssen wir für unsere Handlungen bezahlen, sei es in diesem Leben oder im nächsten. Das karmische Gesetz ist unerbittlich. Wer den spirituellen Pfad aufgenommen hat, enthält sich jeglicher gewaltvoller Taten. Möchten wir unsere karmischen Schulden reduzieren, damit wir zu Gott zurückkehren können, müssen wir Gewaltlosigkeit entwickeln.

Ein anderer Grund, weshalb wir gewaltlos werden sollten, besteht darin, dass Gewalt gegenüber anderen Lebewesen in Gottes Schöpfung eingreift. Wie können wir erwarten, dass uns Gott Zutritt zu den spirituellen Regionen gewährt, wenn wir Seine Kinder misshandeln? Wir halten vielleicht die niederen Lebensformen für unbedeutend. Wir glauben vielleicht, Insekten seien abstoßend oder Reptilien nutzlos. Doch aus irgendeinem Grund, der Gott sehr wohl bekannt ist, erschuf Er jede Lebensform. Für Ihn sind alle Seine Kinder. Und noch mehr: Die äußere Form ist nur eine Hülle, eine Behausung für die Seele, die darin lebt. Aber die Seele ist ein Teil Gottes. Wenn wir für unsere Kinder so viel Liebe empfinden können, um wie viel mehr Liebe muss Gott verspüren, der das gesamte Universum erschaffen hat? Stellt euch Seinen Schmerz vor, wenn Er Seine intelligentesten Lebewesen, Seine edelsten Kreaturen, die Menschen, beobachtet, wie sie Seine weniger entwickelten Kinder verletzen! Wir, die höchsten Wesen in der gesamten Schöpfung, sollten die spirituellsten und edelsten Seiner Lebewesen sein. Es liegt an uns, nach den höchsten Idealen zu leben, wofür Er uns geschaffen hat, und die niedrigeren Lebensarten zu beschützen und ihnen zu helfen. Aus diesem Grund treten auch die, die auf dem spirituellen Pfad sind, für eine vegetarische Lebensweise ein. Gott hat der Menschheit genug Pflanzen als Nahrung gegeben. Wir müssen keine Tiere, Vögel oder Fische töten, um uns am Leben zu halten. Wenn wir unsere Seele mit Gott wieder vereinen möchten, müssen wir uns rein halten. Wir müssen Liebe für die gesamte Schöpfung entwickeln. Wir können nicht behaupten, Gott zu lieben, wenn wir nicht alle Seine Kinder liebhaben.

Wir sollten versuchen, dasselbe Gefühl der Liebe, das wir für unsere nahen Angehörigen und unsere Lieben empfinden, auf die ganze Menschheit und die gesamte Schöpfung auszudehnen. Wir sollten erkennen, dass sich hinter jedem Herzschlag eine Seele verbirgt, die nicht anders als unsere eigene ist. Alle Seelen sind ein Teil Gottes. Alle Seelen sind durch ein tiefes Band verbunden. Die Seele in uns ist dieselbe, die sich in allen anderen Lebensarten befindet. Wir sollten danach trachten, dass keiner Seele etwas zuleide getan wird, denn wenn ein Teil eines Systems Schaden erleidet, ist das ganze System betroffen.

Wie man Gewaltlosigkeit entwickelt

Gewaltlosigkeit hat mehrere Aspekte. Sie umfasst Nichtverletzen in Gedanken, Worten und Taten. Es gibt viele Schattierungen von

Gewaltlosigkeit, an die wir nicht einmal denken. Uns ist klar, dass wir niemanden töten oder schlagen sollten. Wir sind vielleicht in der Lage, uns selbst so weit unter Kontrolle zu halten, dass wir niemandem körperlich wehtun. Doch wir sind sehr sorglos, wenn es um Gewaltlosigkeit in Worten und Gedanken geht. Analysieren wir nun diese beiden Gewohnheiten und versuchen wir, Wege zu finden, unsere Fehler zu beseitigen.

Gewalt in Worten fällt uns wahrscheinlich auf. Wir wissen, dass wir niemanden beschimpfen sollten, sodass dessen Gefühle verletzt werden. Die meisten machen sich kaum lustig über Behinderte, Blinde oder Missgestaltete. Doch wie oft am Tag sagen wir etwas, was die Gefühle anderer verletzt, nur um unser Ego aufzublähen? Würden wir uns im Verlauf des Tages selbst zuhören, würden wir feststellen, dass wir dann, wenn andere einen Fehler begehen, annehmen, dass sie dumm oder verrückt seien. Wenn andere nicht korrekt antworten, bringen wir sie in Verlegenheit oder vermitteln ihnen das Gefühl, minderwertig zu sein. Wenn jemand Fehler begeht, fühlt er sich bereits schlecht genug, aber wir beleidigen ihn noch zusätzlich, indem wir seinen Fehler betonen. Die meisten unserer gewalttätigen Worte entstehen, wenn wir versuchen, unseren eigenen Stolz hervorzuheben – wir wollen besser dastehen. Doch dabei verletzen wir die Gefühle so vieler.

Oft, wenn wir lustig sein wollen, sind wir sarkastisch. Wir versuchen intelligent und witzig zu erscheinen, doch wir tun dies auf Kosten der Gefühle anderer. Humor ist gut und immer willkommen, doch er sollte nicht zu Lasten anderer Herzen geschehen. Humor bereichert so manche Situation, doch wir sollten nicht über andere spaßen und dabei ihr Herz brechen.

Eine andere Art von Gewalt in Worten sind Vorurteile und Bigotterie. Wir hören oft abfällige Bemerkungen über Angehörige anderer Religionen, anderer Länder, anderer Hautfarbe oder des anderen Geschlechts. Es ist ein großartiger Schritt für die Menschheit, dass in den letzten Jahrzehnten Gesetze zur Gleichberechtigung erlassen wurden. In den letzten Jahren wurden sogar Bücher noch einmal geschrieben, um Begriffe zu vermeiden, die Angehörige anderer Religionen oder anderer Nationalität verletzen könnten. Es ist wichtig, nichts zu sagen, was Andersdenkende verletzen könnte.

Die am meisten verbreitete Gewalt in Worten ist der Streit zwischen Familienmitgliedern, Freunden, Eheleuten, Eltern und Kindern. Vom psychologischen Standpunkt aus ist es normal, unterschiedliche Ansichten zu vertreten. Es ist akzeptabel, Meinungsverschiedenheiten zu haben. Doch sie sollten niemals bis zum Streit ausarten. Es gibt einen grundlegenden Unterschied zwischen einer Meinungsverschiedenheit, einer Argumentation oder Diskussion und einem Streit. Bei einer Meinungsverschiedenheit haben zwei Menschen verschiedene Ansichten. Sie bringen ihre Meinung zum Ausdruck, doch akzeptieren, dass jeder auf seiner eigenen Ansicht beharrt. Bei einer Argumentation oder einer Diskussion versucht jeder, den anderen zu überzeugen, dass er Recht hat. Aber bei einem Streit kommt Gewalt dazu und beide Teile verwenden Reizworte, um ihren jeweiligen Standpunkt zu vertreten. Dies führt schließlich dazu, dass man etwas sagt, um die Gefühle des anderen zu verletzen. In der Hitze des Gefechts sagen wir vieles, was nicht wahr und nicht nett ist. Später bedauern wir, was wir gesagt haben, doch dann ist die Beleidigung bereits erfolgt. Es heißt, dass unsere Zunge schärfer ist als ein Schwert. Eine Wunde von einem Schwert mag heilen, doch die Wunde von Worten, die unser Herz gebrochen haben, ist nicht so leicht heilbar. Wir müssen unsere Worte sehr sorgfältig abwägen. Wenn wir Meinungsverschiedenheiten ruhig und friedlich austragen können, ist das annehmbar. Wir sollten niemals zulassen, dass unsere Diskussion die Stufe eines Streits erreicht. Wir sollten unsere Zunge kontrollieren und versuchen, bei Diskussionen Gleichmut und Disziplin zu bewahren. Wenn wir das schaffen, werden wir feststellen, dass sich unsere Probleme liebevoll lösen lassen, und wir werden die anderen dabei nicht verletzen oder selbst verletzt werden.

Nur wenn wir tief in uns selbst blicken, können wir erkennen, wie oft wir am Tag über andere schlecht denken. Viele von uns haben die Angewohnheit, anderen Schlechtes zu wünschen.

Wir tun jemandem vielleicht nichts, doch wir wünschen ihm Schlechtes. Manche wünschen vielleicht, dass einem anderen Leid geschehe oder dass er einen Unfall hat, andere, dass jemand sein Geld oder seinen Besitz verliert. Manchmal hoffen wir, dass jemand sein Ziel nicht erreicht, im Glauben, dass wir es dann leichter hätten, dieses Ziel zu erreichen. Wenn wir auf andere eifersüchtig sind, wünschen wir ihnen Unglück und uns selbst Glück. Sind wir uns einmal dieser Angewohnheit bewusst, können wir solchen Gedanken Einhalt gebieten, sobald sie aufkommen. Das Heilmittel gegen diese Art von Fehler ist der Gedanke, dass wir alle eine große Familie sind. Nur selten wünschen wir unseren nahen Familienangehörigen, wie unserem Ehepartner, unseren Eltern oder unseren Kindern, Unglück. Wenn wir die Liebe, die wir für unsere Familie empfinden, auf die gesamte Schöpfung ausdehnen könnten, würde es uns helfen, die negative Neigung, anderen Schlechtes zu wünschen, zu überwinden.

Die am meisten verbreitete Form der Gewalt in Gedanken besteht darin, andere zu kritisieren. Wir tun dies in Worten und genauso heftig in Gedanken. Wenn wir unsere Gedanken den ganzen Tag über verfolgen, werden wir feststellen, dass wir eigentlich jeden kritisieren, der uns begegnet. Wir denken daran, wie der eine seine Arbeit schlecht verrichtet hat, wie dumm der andere sich benommen hat oder wie inkompetent wieder ein anderer ist. Den ganzen Tag über denken wir ständig so und über viele Leute. Unser Gemüt hat uns bei dieser schlechten Gewohnheit so sehr im Griff, dass wir sogar unsere Lieben kritisieren. Wir denken schlecht über sie. Wenn irgendetwas passiert, das uns nicht gefällt, denken wir sogar von denen schlecht, die wir am meisten lieben.

Die Macht der Gedanken

Wir erkennen, wie mächtig Gedanken sind. Es gibt eine bemerkenswerte Geschichte über König Akbar und Birbal. König

Akbar hatte einen Untertan namens Birbal, der für seine Weisheit bekannt war. Birbal wollte dem König beweisen, wie mächtig Gedanken sind, und als einmal ein bestimmter Mann auf die beiden zukam, forderte er den König auf, schlecht über diesen Mann zu denken. Der König befolgte Birbals Rat und sandte in Gedanken Beschimpfungen gegen den herannahenden Mann aus. Als dieser näher kam, fragte ihn der König: »Was hast du gedacht, als du mich heute das erste Mal gesehen hast?« Der Mann erwiderte: »Ich hatte plötzlich das innige Verlangen, dich zu schlagen.« Für den Mann gab es keinen Grund, so zu denken, doch die Auswirkungen der bösartigen Gedanken des Königs gegen ihn wurden unbewusst empfangen, sodass der Mann eben auf diese Weise reagierte.

Wir kennen die Auswirkungen liebevoller Gedanken über jemand anderen. Kinder sind sehr empfindsam und können sofort auf jemanden zugehen, der liebevolle Gedanken für sie hat. Auch wir sind sensibel. Wenn jemand liebevoll über uns denkt, antworten wir mit Liebe. In ähnlicher Weise senden negative Gedanken eine Schwingung aus, die vom anderen aufgenommen wird. Wir glauben vielleicht, unsere Gedanken gehören nur uns, doch andere können sie wahrnehmen. Daher müssen wir mit ihnen sehr sorgfältig umgehen.

Unsere Gedanken können nicht nur andere verletzen, sondern schließlich auch uns selbst schaden. In der Zeit, in der wir schlecht über andere denken, verschwenden wir die kostbaren Atemzüge, die uns gewährt wurden. Die Zeit, während der wir andere kritisieren, hält uns nur von unserem Ziel ab, Gott zu finden. Denn erstens können wir uns, wenn wir schlecht über andere denken, bei der Meditation nicht konzentrieren. Zweitens wird ein solcher Gedanke bei uns sein und uns den ganzen Tag nicht mehr loslassen. Und drittens erzeugen wir Handlungen, für die wir die Früchte ernten müssen. Und schließlich sind wir einem von Gottes Kindern gegenüber nicht liebevoll gewesen. Wie sollen wir Gott gefallen, wenn wir über eines Seiner Kinder schlecht denken?

Sich auf die spirituelle Reise konzentrieren

Das Panorama des Lebens ist voll mit Menschen und Problemen. Wenn wir zulassen, dass unser Gemüt ständig die Worte und Taten der anderen kommentiert, sind wir wie ein Kassettenrecorder, der jede Begebenheit wiedergibt. Jeder unserer Atemzüge ist kostbar. Wenn wir dieses Leben verschwenden, wer weiß, was wir im nächsten sind? Wir sollten uns um unsere eigene Erlösung kümmern. Wir sollten uns um unseren eigenen spirituellen Fortschritt bemühen. Lasst die anderen tun, was sie wollen. Lasst andere sagen, was sie wollen. Wir sollten uns auf unsere eigene spirituelle Reise zu Gott konzentrieren. Wir wurden nicht von Gott als Kritiker aller anderen engagiert. Lasst Gott Richter über die anderen sein – wir sollten Richter über uns selbst sein.

Wenn wir uns selbst genauso penibel untersuchen und kritisieren würden wie die anderen, könnten wir erkennen, wie viele Fehler wir haben. Wenn wir daran arbeiteten, unsere Fehler auszumerzen, würden wir auf unserer Heimreise größere Fortschritte machen.

Ersetzen wir doch alle negativen Gedanken, Worte und Handlungen durch gewaltlose! Wir sollten die Fehler der anderen mit Mitgefühl betrachten. Begeht ein Kind einen Fehler, dürfen wir es nicht kritisieren und müssen nachsichtig reagieren, weil uns klar sein sollte, dass Kinder Fehler machen müssen, um zu lernen. Ähnlich geht es anderen auf den unterschiedlichen Etappen ihrer spirituellen Reise. Wenn sie Fehler machen, sollten wir liebevoll und voller Mitgefühl sein.

Entwickeln wir im täglichen Leben Gewaltlosigkeit, können wir feststellen, dass Gott an uns Gefallen hat und immer mehr Gnade verströmt. Wir werden zur Wohnstatt des Friedens und der Ruhe für unsere Umgebung. Wir werden Gott helfen, indem wir ein bewusster Mitarbeiter an Seinem göttlichen Plan werden. Wir helfen Ihm, das Leid Seiner Kinder zu erleichtern. Unser Fortschritt beschleunigt sich und alle anderen Tugenden werden uns zufallen.

Wenn jeder von uns dieses edle Ziel erreichen könnte, würde dieser Planet in ein goldenes Zeitalter eintreten, in dem es keine Kriege oder Konflikte mehr gibt. Es gäbe kein Blutvergießen mehr und kein Leid. Wir hätten eine Welt, in der es nur noch friedliche Lösungen für Probleme und Konflikte gäbe. Sant Darshan Singh betete um solch eine Welt, und ich hoffe, dass wir noch in diesem Leben sehen, wie das zur Wirklichkeit wird. Möge folgender Vers von Sant Darshan Singh in Erfüllung gehen:

> *Von Dämm'rung zu Dämm'rung lasst uns von Frieden*
> *sprechen und lauschen der Botschaft der Liebe.*
> *Die regenschweren Wolken Sawans umhüllen die Schenke*
> *der Zeit,*
> *O Mundschenk, lass den Becher der Liebe kreisen und*
> *kreisen und kreisen.*

Übung

Führe Aufzeichnungen über deine gewalt-vollen Gedanken, Worte und Taten. Schreib alle Ausdrucksformen der Gewalt in deinem täglichen Leben auf. Mach dir bewusst, wann diese gewaltvollen Gedanken, Worte und Ta-ten aufkommen. Versuche, ihnen Einhalt zu gebieten, indem du ein paar Minuten in Meditation verbringst. Überlege, wie du die Anzahl der gewaltvollen Gedanken, Worte und Taten bis auf null reduzieren kannst.

Schreibe deine Kontakte mit den Mitmenschen auf. Beobachte, ob du anderer Meinung bist, ob du argumentierst oder streitest. Wenn du anderer Ansicht bist, versuche, sie auf liebevolle Wei-se darzulegen, nicht herabsetzend, ohne Kritik oder verletzende Worte. Sende liebevolle Gedanken an die aus, die dich verletzen oder beleidigen. Schreibe die Auswirkungen davon auf.

12. Ein Leben der Wahrheit

Eine Mutter ging einst zu Mahatma Gandhi und sagte: »Mein Sohn isst zu viel Zucker. Kannst du ihm bitte sagen, er möge damit aufhören?« Gandhi dachte einen Moment lang nach und bat sie dann, nach ein paar Tagen wiederzukommen. Nach einigen Tagen kam die Frau mit ihrem Sohn wieder und bat Gandhi noch einmal, das Kind anzuweisen, keine Süßigkeiten mehr zu essen. Dieses Mal sagte Gandhi zu dem Jungen, er solle aufhören, Zucker zu essen. Die Mutter war erstaunt und fragte fassungslos: »Wenn das alles ist, was du ihm zu sagen hast, dann frage ich mich, warum du ihm das nicht schon gesagt hast, als ich das erste Mal zu dir kam?« Gandhi erwiderte: »Weil ich vor drei Tagen noch selbst Zucker gegessen habe. Aber seitdem habe ich damit aufgehört.«

Dieses Beispiel verdeutlicht uns das hohe Ideal, nur das zu sagen, was wir wirklich tun. Wenn wir den spirituellen Pfad gehen, ist Wahrhaftigkeit eine der Tugenden, die wir uns aneignen müssen. Analysieren wir doch einmal die verschiedenen Aspekte dieser Eigenschaft und überlegen wir uns, wie wir sie zu einem wesentlichen Bestandteil unseres Lebens machen können.

Unwahrheit und ihre Schattierungen

Fehler auf dem Gebiet der Wahrhaftigkeit lassen sich unterteilen in die Kategorien Falschheit, Täuschung, Heuchelei und unlauterer Gewinn. Einige dieser Fehler sind ziemlich offensichtlich, wie Lüge oder Diebstahl. Andere wiederum sind sehr subtil und wir wissen vielleicht nicht einmal, dass wir irgendeine Form der Unwahrhaftigkeit begehen. Aber wenn wir einmal die Verzweigungen dieser Kategorie erkennen, werden wir uns unserer Schwächen bewusst und können versuchen, uns zu verbessern.

Zunächst müssen wir verstehen, wie sich Wahrhaftigkeit auf unseren spirituellen Fortschritt auswirkt. Analysieren wir die einzelnen Unterteilungen dieser Tugend, werden wir auch erkennen, wie das Entwickeln von Wahrhaftigkeit unsere innere Reise zurück zu Gott beschleunigt.

Der Fehler Falschheit hat mit Lügen zu tun. Man kann in Gedanken, Worten und Taten lügen. Es bedeutet im Wesentlichen, die Wahrheit zu verbergen. Es gibt viele Motive für Lügen. Ein Kind, das Fehler gemacht hat, belügt seine Eltern aus Angst, bestraft zu werden. Ein Angestellter belügt seinen Chef, wenn es darum geht, die eigene Position zu verteidigen oder die Tatsache zu verbergen, eine bestimmte Arbeit nicht erledigt zu haben. Viele lügen in der Familie oder vor den Freunden, weil sie nicht wollen, dass die anderen von ihren Fehlern erfahren. Andere wiederum lügen, weil es ihnen schlecht geht oder sie krank sind und nicht möchten, dass sich die anderen Sorgen machen. In den meisten Fällen liegt der Grund für Lügen darin, sich wegen seiner Fehler vor Strafe zu schützen oder ein Image zu erhalten, das wir anderen vorgaukeln möchten. Meistens sagt man die Unwahrheit, wenn man etwas falsch gemacht hat, ohne es zu wollen, oder wenn man vielleicht einen Fehler begangen oder eine Arbeit schlecht ausgeführt hat, weil man unfähig oder nachlässig war. Man meint, man müsse dies aus Angst vor der Meinung der anderen verheimlichen.

Verletzen wir zum Beispiel ein Gesetz, fällt unser Fehler wahrscheinlich in eine andere Kategorie. Aber immer wenn wir etwas verbergen, fällt dies unter Falschheit. In den meisten Fällen decken wir Fehler zu, die wir nicht absichtlich begangen haben. Wir sind nicht in der Lage zu unseren Fehlern zu stehen. Wenn wir unabsichtlich einen Fehler machen, sollten wir ihn zugeben und uns nicht übermäßig um die Meinung der anderen kümmern. Oft zerbrechen wir ein Glas, verlieren Geld oder vergessen eine Verabredung. Unser Irrtum liegt vielleicht in unserer Vergesslichkeit oder Sorglosigkeit oder sogar in unserer Inkompetenz. Aber anstatt unseren Irrtum zuzugeben, erfinden wir eine Geschichte, um unseren Fehler zu verbergen. Wir tun dies vielleicht, um Streit oder Diskussionen zu vermeiden, oder einfach, um besser dazustehen. Wir versuchen, eine Konfrontation zu verhindern, wenn unser Fehlverhalten jemandem Leid zufügte, aber wir dafür nicht zur Verantwortung gezogen werden möchten. Es gibt auch Zeiten, wenn jemand sehr kritisch oder intolerant uns gegenüber ist, und da wir auf die Reaktionen der anderen keinen Einfluss haben, versuchen wir, eine Konfrontation zu vermeiden.

Wenn wir einmal eine Lüge erzählen, ganz gleich, aus welchem Grund, müssen wir auf der Hut sein und vielleicht eine zweite oder dritte erfinden, um die erste abzudecken. Unser Gemüt ist dann ausschließlich damit beschäftigt, unseren Fehler zu verbergen und zu verhindern, dass ihn andere entdecken. Wenn noch Gefühle der Schuld, der Schande oder der Angst hinzukommen, verfängt sich unser Gemüt noch weiter in diesem Netz. In diesem Zustand fällt es schwer zu meditieren. Unser Gemüt ist voll unruhiger Gedanken und so hält die Lüge unsere Aufmerksamkeit von unserem spirituellen Ziel ab.

In den Bereich des Ego fallen Lügen, die unser wahres Wesen verdecken und uns besser erscheinen lassen, als wir wirklich sind. Wir versuchen vorteilhaft zu erscheinen, vor allem vor anderen, deren Meinung wir schätzen. So hat die Falschheit den Bereich Täuschung und Heuchelei erreicht.

Manche Unwahrheiten werden nur erzählt, um andere Menschen zu verletzen. Wir beschuldigen sie fälschlicherweise, machen sie für unsere eigenen Fehler verantwortlich oder möchten unsere Rivalen ausstechen. Hier wird die Grenze zur Gewalt überschritten. Tatsächlich gibt das Motiv oder die Absicht hinter der Handlung den Ausschlag dafür, zu welcher Kategorie unser Fehler zu zählen ist.

Wenn wir lügen, weil wir eine Konfrontation fürchten, müssen wir eine bestimmte Beziehung zu anderen entwickeln, in der wir keine Angst davor haben, so zu sein, wie wir sind. Wir sollten die anderen überzeugen oder ermutigen, uns zu akzeptieren. Wir müssen stark genug sein zuzugeben, was wir getan haben, unabhängig davon, was andere denken. Wenn jemand Schwierigkeiten hat, uns anzunehmen, und wir wissen, dass wir eigentlich niemanden verletzen wollten, dann ist es besser, mit der Wahrheit herauszurücken. Schließlich ist Wahrhaftigkeit eine Tugend. Warum sollten wir uns beschmutzen, indem wir die Unwahrheit sagen, nur um anderen nach dem Mund zu reden? Wir sollten von uns und unseren Handlungen völlig überzeugt sein und den Herausforderungen mutig ins Auge blicken.

Beabsichtigen wir mit einer Lüge, unseren Mitmenschen Unwahres vorzumachen, befinden wir uns bereits im Bereich der Täuschung und verbergen unser wahres Gesicht hinter einer Maske. Weil wir nicht die Stärke und den Mut besitzen, zu uns zu stehen, täuschen wir andere, denn deren Meinung über uns ist uns wichtiger als das, was wir über uns denken. Im Fall der Täuschung verletzen wir uns allerdings selbst. Wir brauchen jedoch die Überzeugung und das Vertrauen, wir selbst zu sein, und sollten unsere Fehler eher annehmen, als sie zu verstecken. Wenn wir sie vor den anderen verbergen, verstecken wir sie auch gern vor uns selbst und werden uns deshalb nie verbessern. Wir müssen unsere Fehler betrachten, um sie zu beseitigen. Bevor wir unser Problem nicht erkannt haben, können wir nicht an die Lösung herangehen.

Wenn wir unsere Krankheit verstecken und nie zum Arzt gehen, kann er uns kein Heilmittel geben. Andere zu täuschen ist eine Sache, aber uns selbst zu täuschen, hält uns von unserem Fortschritt auf dem spirituellen Pfad ab. Es verzögert unser Fortkommen. Wenn wir die Mängel nicht erkennen, die uns davon abhalten, die erforderliche Reinheit zu erlangen, um in höhere Regionen zugelassen zu werden, werden wir bis zu unserem Erwachen immer auf derselben Stelle treten.

Wenn wir uns ständig verstellen, gestatten wir unserem Gemüt, unsere Seele zu betrügen. Unsere arme Seele geht dann nirgendwo hin und unser Gemüt hat unsere innere Reise erfolgreich aufgehalten. Werden wir uns des täuschenden Spiels unseres Gemüts einmal bewusst, können wir die ersten Schritte tun, um dessen Tricks zu umgehen.

Heuchelei ist ein weiterer Fehler im Bereich Wahrhaftigkeit. Wenn wir heucheln, sagen wir etwas, tun aber etwas anderes.

Heuchelei nimmt in der modernen Gesellschaft so überhand, dass es heutzutage fast normal geworden ist. Eltern erklären ihren Kindern, dass sie nicht lügen und nicht miteinander streiten sollten. Trotzdem lügen sie vor den Augen ihrer Sprösslinge und streiten miteinander. Millionen Eltern fordern ihre Kinder auf, keine Drogen zu nehmen oder keinen Alkohol zu trinken, halten jedoch selbst an diesen schlechten Gewohnheiten fest. Kinder können nicht verstehen, warum sie nicht tun dürfen, was ihre Eltern tun. Wenn sie dann einmal erkennen, dass ihre Eltern nicht ernst meinen, was sie sagen, oder nicht praktizieren, was sie predigen, verlieren sie das Vertrauen und den Glauben an die Erwachsenen. Ist einmal der Glaube eines Kindes an seine Eltern ins Schwanken geraten oder gar gebrochen, wird es schwierig, ihn wiederzugewinnen. Die Kinder beginnen dann, immer weniger auf die Worte ihrer Eltern zu hören, weil sie sehen, dass keine Überzeugung dahintersteht. In unseren religiösen Institutionen gibt es viele Arten von Heuchelei. Jede Religion predigt Liebe. Wir werden angewiesen, unseren Nächsten wie uns selbst zu lieben. In einigen Religionen lehrt man uns sogar, unsere Feinde zu lieben. Wenn wir aber in den Zeitungen blättern, lesen wir von Gewalt zwischen Anhängern verschiedener Religionen. Wir können sogar scharfe Unterteilungen selbst innerhalb einer religiösen Institution feststellen. Es muss für die Anhänger einer Religion wirklich schwer sein, die große Kluft zwischen dem, was ihre religiösen Führer predigen, und dem, was sie tun, zu verkraften. Wenn ein Anhänger einmal in seiner eigenen Religion Heuchelei feststellt, wird es für ihn sehr schwer sein, das Grundsätzliche ihrer Lehren wirklich zu glauben.

Ein schwerer Fehler auf dem Gebiet der Wahrhaftigkeit ist unlauterer Gewinn. Dies umfasst viele falsche Handlungen, wie Diebstahl, Betrug und Bestechung. Sich zu nehmen, was einem nicht rechtmäßig zusteht, ist ein schweres Verbrechen, wofür man bezahlen muss. Wir wissen, dass es in unseren Rechtssystemen strenge Strafen für Diebstahl, Betrug und Bestechung gibt. Selbst wenn jemand in diesem Leben nicht gefasst wird, muss er einmal sein Karma für seine Handlungen abzahlen. Wir sollten versuchen, unser Karma zu reduzieren, anstatt es zu vermehren.

Als Sant Darshan Singh in Indien im Staatsdienst war, stellte er fest, dass Bestechung allgemein üblich war. Obwohl es allgemein akzeptabel erschien, Bestechungsgelder anzunehmen, weigerte er sich, dies zu tun. Als er einmal nach Bombay geschickt wurde, um einen umfangreichen Vertrag abzuschließen, schlug er das Bestechungsgeld, das man ihm anbot, aus. Als sein Vater, Sant Kirpal Singh, erfuhr, dass er seine hohen ethischen Prinzipien eingehalten hatte, war er überaus glücklich. Er schrieb seinem Sohn einen Brief, in dem er zum Ausdruck brachte, wie zufrieden er mit ihm war.

Wenn wir den spirituellen Pfad zurück zu Gott gehen, müssen wir alle Aspekte der Wahrhaftigkeit entwickeln. Wenn wir ein reiner Spiegel werden möchten, der das Licht Gottes widerspiegelt, darf das Glas keinen einzigen Fleck oder Fehler haben. Unsere Gedanken, Worte und Taten sollten erhaben sein. Sant Kirpal Singh sagte oft: »Die Wahrheit steht über allem, aber noch höher ist die wahre Lebensweise.«

Wenn wir Wahrhaftigkeit praktizieren, werden wir Fortschritte machen und anderen ein leuchtendes Beispiel auf ihrer Suche nach dem Weg zurück zu Gott sein.

Wie man Wahrhaftigkeit entwickelt

Was sind nun die hilfreichen Faktoren, die in uns die Eigenschaft der Wahrhaftigkeit wachrufen? Wir müssen erkennen, dass wir zwar die Wahrheit vor anderen verheimlichen können, vor Gott jedoch nicht. Er ist allwissend. Wir denken vielleicht, wir sind zu unbedeutend, als dass sich ein so allmächtiger und großer Gott um uns sorgt, doch Er ist sich jeder lebenden Kreatur in der Schöpfung bewusst, angefangen vom geringsten Grashalm bis zu den großen Säugetieren, die diesen Planeten bewohnen. Wir können Seinem immer wachsamen Auge nicht entkommen, denn Er wohnt in jedem Lebewesen. Zu wissen, dass Er sich immer in unserem Inneren befindet, hilft uns zu erkennen, dass Er alles weiß, was wir tun, sagen oder denken. Wir versuchen vielleicht, die Wahrheit vor anderen zu verbergen, doch Er ist sich all unserer Handlungen bewusst.

Wahrhaftigkeit umfasst auch, unsere Fehler einzugestehen. Wir mögen unsere Fehler vor anderen verbergen, doch wir sollten sie nicht vor uns selbst verstecken. Der Versuch, unsere Fehler zu ignorieren oder Entschuldigungen dafür zu erfinden, wird uns nicht weiterhelfen. Was wir auch zu anderen sagen, um unser Gesicht zu wahren oder uns besser darzustellen, als wir in den Augen der anderen sind, es wird uns bei unserer spirituellen Entwicklung nicht helfen. Wenn wir bereit sein wollen, das Königreich Gottes zu betreten, müssen wir unsere Fehler und Flecken entfernen. Sie mit Make-up zuzudecken, macht uns nicht schöner, denn Gott sieht uns, wie wir wirklich sind. Wir müssen unsere Fehler erkennen, sie vor uns eingestehen und dann daran arbeiten, sie zu beseitigen.

Wir mögen uns gut kleiden und versuchen, nett auszusehen, wenn wir zu einem Arzt gehen, doch wir wissen, dass dieser eigentlich an unserem Blutdruck, unserem Pulsschlag oder unseren inneren Organen interessiert ist und uns losgelöst von unserem Erscheinungsbild betrachtet. Wir sehen vielleicht nett aus, wenn wir zur Schule gehen und Prüfungen ablegen, aber wir wissen, dass der Lehrer nur an unserem Wissen und an den Prüfungsergebnissen interessiert ist. Ähnlich möchte Gott, dass wir bereit werden, Seine Wohnstatt zu betreten. Wir mögen versuchen, unsere Fehler äußerlich zu verheimlichen, doch Er ist an unserem wahren spirituellen Wesen interessiert. Er will uns helfen, die Charakterzüge zu entfernen, die uns davon abhalten, uns über das Körperbewusstsein zu erheben. Er kümmert sich nicht um unser äußeres Erscheinungsbild. Wir verhalten uns vielleicht höflich und zuvorkommend und rühmen uns ob unserer Leistungen, doch er schaut darüber hinaus. Er kennt unseren wahren Zustand. Er bemüht sich, uns zu helfen, die Flecken und

Fehler zu korrigieren, die uns von unserem spirituellen Ziel abhalten.

Wenn wir uns ehrlich prüfen und uns so beurteilen, wie wir andere kritisieren, werden wir unsere Fehler erkennen und verbessern. Unsere Fehler zu erkennen, bedeutet nicht, uns selbst zu geißeln oder zu züchtigen, es bedeutet nicht, über Fehler nachzugrübeln und uns Sorgen zu machen. Wir müssen nur die Fehler erkennen und uns entschließen, diese zu ändern und uns dadurch zu verbessern. Sich Sorgen zu machen, zu grübeln und sich schuldig zu fühlen, hilft uns nicht. Wir verschwenden nur unsere wertvolle Zeit und lenken unsere Aufmerksamkeit von unserem Ziel ab. Wir sollten uns frei eingestehen, dass wir einen Fehler begangen haben, und wir sollten erkennen, dass Fehler zu begehen menschlich ist. Doch dann sollten wir uns vornehmen, uns zu ändern, um den Irrtum nicht noch einmal zu begehen. Wir müssen die Handlungen der anderen vergeben und vergessen und wir müssen auch unsere eigenen Handlungen vergeben und vergessen, sobald wir den Fehler erkannt und berichtigt haben.

Je länger wir es versäumen, ehrlich zu uns selbst zu sein, desto länger zögern wir auch unseren Fortschritt hinaus. Niemand beobachtet uns, außer wir selbst und Gott in uns. Sant Darshan Singh erzählte gern eine Geschichte, die diesen Aspekt sehr schön aufzeigt: Königin Sulaikha hatte großes Verlangen nach Joseph, einem heiligen und ehrenwerten Mann. Sie ließ ihn in ihre Gemächer rufen, und da sie Königin war, musste er gehorchen. Im Gespräch erkannte er ihre Absicht und geriet in Verlegenheit, wie er sich nun aus der Affäre ziehen sollte. Er erhob Einspruch und sagte, selbst wenn es den Anschein habe, dass sie allein seien, so wären sie es doch nicht, weil alle Statuen Gottes hier wären. So ordnete sie an, alle Statuen zu bedecken, damit sie nicht sehen könnten, was sie zu tun beabsichtigte. Joseph erkannte schließlich eine Möglichkeit, wie er der Situation doch entkommen könnte, und meinte: »Du magst deine Götter verdecken, damit sie dich nicht sehen, doch mein Gott befindet sich in allen, und es gibt keine Möglichkeit, sich vor Ihm zu verstecken.« Sie erkannte die Wahrheit seiner Aussage, bereute ihre Absicht und ließ ihn gehen. Ähnlich ist es mit uns: Wir mögen unsere Handlungen vor anderen verbergen, sogar vor uns selbst, aber wir können sie nicht vor Gott verbergen. Wir mögen der Welt ein schönes Gesicht präsentieren, doch Gott wird unseren wahren Zustand sehen und uns keinen Zutritt zur höchsten Wohnstatt gewähren, bevor wir nicht makellos geworden sind. Wir müssen gereinigt werden, um Sein inneres Königreich zu erreichen. Je schneller wir dies erkennen, desto besser.

Entschließen wir uns daher, die Eigenschaft der Wahrhaftigkeit zu entwickeln! Seien wir in all unseren Handlungen ehrlich! Befreien wir uns von Täuschung und Heuchelei! Verdienen wir unseren Lebensunterhalt ehrlich! Und seien wir ehrlich zu uns selbst! Wir sollten unseren wahren Zustand ehrlich beurteilen, damit wir die erforderlichen Verbesserungen machen können. Wenn wir Wahrhaftigkeit entwickeln können, werden wir feststellen, dass unser innerer Fortschritt schnell vorangeht, und wir werden unser Ziel schneller erreichen.

Übung

Beobachte, wie oft du täglich nicht wahrhaftig bist. Notiere die verschiedenen Schattierungen der Unwahrheit, also der Lüge, der Täuschung, der Heuchelei und des unlauteren Gewinns. Beachte auch die Zeit, in der du dich selbst täuscht, weil du eigene Fehler nicht erkennst.

Versuche, dich bei den Fehlern zu ertappen und Unwahrheit durch Wahrhaftigkeit zu ersetzen. Beobachte die Auswirkungen auf deinen Gemütsfrieden. Versuche Tag für Tag, die Anzahl der Fehler im Bereich Wahrhaftigkeit zu reduzieren.

13. Göttliche Liebe

Viele Menschen haben große Schwierigkeiten zu verstehen, was Liebe eigentlich bedeutet. Es ist eine Frage, die man sich seit undenklichen Zeiten stellt. Millionen Gedichte und Bücher wurden über Liebe geschrieben, und zu allen Zeiten haben Philosophen versucht, ihre wahre Natur zu beschreiben.

Die meisten von uns verwenden den Begriff Liebe, um die Gefühle zu beschreiben, die man in verschiedenen Beziehungen hegt. Es gibt Liebe zwischen Eltern und Kindern, Brüdern und Schwestern und anderen Verwandten. Es gibt die Liebe für das eigene Land. Es gibt die Liebe zu Besitztümern. In manchen Ländern finden wir auch Menschen, die ihre Haustiere lieben. Wenn wir an Liebe denken, verstehen wir darunter meistens die Liebe zwischen Mann und Frau. Schließlich gibt es noch die Liebe für die ganze Menschheit und für unseren Planeten. Und natürlich haben wir Liebe zu Gott.

Die Erfahrung der Liebe in den einzelnen menschlichen Beziehungen oder selbst zu einem Gegenstand, der nicht lebt, wie das eigene Haus oder der Besitz, ist unterschiedlich. Doch jede Form von Liebe birgt ähnliche Eigenschaften in sich. Die Liebe für Dinge dieser Welt umfasst das Element Verhaftung für das Objekt der Liebe. Wir haben ein großes Verlangen nach dem, was wir lieben. Wir hegen warmherzige Gefühle für das, was wir lieben, und wir haben Angst, das Objekt unserer Liebe zu verlieren. Ob es sich um die eigene Familie, die Freunde, den Geliebten, die Besitztümer oder das eigene Land handelt, diese Elemente der Liebe sind vorhanden.

Jede dieser Erfahrungen der Liebe schließt ein Gefühl des Herzens mit ein. Wir fühlen uns glücklich, wenn wir mit unseren Lieben zusammen sind. Bei ihnen haben wir ein Gefühl des Friedens, der Ruhe, der Zufriedenheit und der Erfüllung. In ihrer Gesellschaft erleben wir innere Freude und Glück, erfahren eine Art Vollkommenheit.

Um zu Gott zurückzukehren, müssen wir universale Liebe entwickeln. Die meisten lieben nur wenige Menschen, darunter die Familie und die engen Freunde. Doch wenn wir spirituell fortschreiten, öffnet sich unser Herz und wir entwickeln Liebe für unsere Gemeinde, unsere Gesellschaft, unser Land und den gesamten Globus. Auf der höchsten Stufe der Liebe lieben wir die gesamte Schöpfung im Kosmos. Wir kennen die Freude, wenn wir Liebe für unsere Familie und Freunde verspüren. Wenn wir dies nun zu einer Liebe für die gesamte Schöpfung erweitern, können wir uns vorstellen, wie groß die Liebe in unserem Herzen sein wird. Diese Art von Liebe ist rein und spirituell. Es ist jene Art von Liebe, die Gott für die Schöpfung empfindet. Liebe ist göttlich, ist eine spirituelle Eigenschaft.

Bei der göttlichen Liebe hat die Seele das spirituelle Verlangen, mit ihrem Schöpfer, der Überseele, wieder eins zu werden. Als Gott Teile von sich selbst trennte und in die Welt sandte, entstand der Schmerz der Trennung. Am nächsten kommt dem das Gefühl von Eltern, die mit ansehen, wie ihr Kind erwachsen wird und ihr Heim verlässt, um alleine in die Welt hinauszugehen. Zwischen Eltern und Kind besteht ein so enges Band der Liebe, dass die Eltern, wenn das Kind das Haus verlässt, einen tiefen Schmerz im Herzen verspüren. Obwohl das Kind auszieht, besteht ein beständiges Gefühl der Verhaftung und Liebe, das die Eltern im Herzen verspüren. Diese stetige Liebe empfinden die Eltern Tag und Nacht. Sie denken an das Kind, erinnern sich an das Kind, hegen Liebe für das Kind. Es besteht auch ein beständiger Zug, der das Kind magnetisch zu den Eltern zurückzieht. Den Eltern fehlt etwas, solange das Kind nicht in ihre Arme zurückeilt. Ähnlich ist Gott ein Elternteil für alle Seelen. Während die Seelen in der Welt sind und ein Leben nach dem anderen durchlaufen, denkt Er an jede einzelne, liebt sie und richtet Seine Aufmerksamkeit auf sie. Diese Vorstellung ist nicht schwierig nachzuvollziehen, weil wir wissen, dass Eltern manchmal mehr als ein Kind haben und jedes einzelne lieben. Gott wartet immer darauf, dass eine Seele ihr Gesicht Ihm zuwendet und zu Ihm zurückkehrt. Er weiß, dass die Seelen in der Welt und ihren zahlreichen Attraktionen verloren sind. Er sehnt sich danach, dass sie sich an Ihn erinnern und nach Hause kommen. Diese Sehnsucht nimmt man als Zug in der Seele wahr. Von Zeit zu Zeit erfährt jede Seele im Leben eine Art melancholische Sehnsucht, eine Art von Gefühl, dass sie tief im Innern etwas vermisst. Wenn diese innere Sehnsucht, nach Hause zurückzukehren, stark wird, erleben wir das, was man spirituelles Erwachen nennt.

Der Ruf der inneren Stimme

Es gibt Begebenheiten im Leben, bei denen uns eine zarte innere Stimme mitteilt, dass es mehr gibt, als wir in dieser physischen Welt kennen. Dies kann durch einen Unfall, einen Todesfall innerhalb der Familie oder durch einen schweren Verlust ausgelöst werden. Wir beginnen plötzlich, die Bedeutung des Lebens zu hinterfragen, zu fragen, wer wir eigentlich sind und was uns nach dem Tod erwartet. Diese feine zarte Stimme wird allmählich immer lauter und lauter und schließlich haben wir das Bedürfnis, Antworten auf diese Fragen zu finden. So zieht uns Gott in unserem Herzen, damit wir zu Ihm zurückkehren. In dem Augenblick, in dem Er eine Gelegenheit erhält, wenn Er etwa sieht, dass wir Zweifel an der Realität und der allumfassenden Wichtigkeit dieser Welt und ihren Verlockungen haben, nutzt Er die Gelegenheit. Er pflanzt in uns den Samen, der uns dazu führt, unsere spirituelle Suche nach den Antworten auf die Mysterien des Jenseits aufzunehmen. Seine Liebe beginnt in uns zu wirken und wir haben das Verlangen, Gott zu erkennen. Dies ist ein großer Tag für uns. Wir hören die sanfte Stimme unserer Seele und ihr Verlangen, ihren wahren Vater kennenzulernen.

Wenn wir dieser Stimme, die uns heimwärts ruft, immer mehr Aufmerksamkeit widmen, führt uns Gott schließlich dahin, wo uns jemand auf den Weg zurück zu Ihm stellen kann. Er führt uns zu einem spirituellen Lehrer, der uns von unserem wahren Wesen erzählt, nämlich dass wir Seele und ein Teil Gottes sind. Dieser zeigt uns dann eine Methode, durch die wir uns über die physische Welt erheben und unser wahres Erbe als Teil Gottes selbst sehen können. Er lehrt uns, zu meditieren und unsere Aufmerksamkeit auf die inneren Welten auszurichten. Er bringt uns mit dem Licht- und Klangstrom in Verbindung, der auch das Wort oder Naam genannt wird und der von Gott ausging, als Er dieses Universum erschuf. Derselbe Strom fließt zu Ihm zurück. Es ist ein Strom, der vom selben Wesen ist wie Gott – alles Licht, alle Musik, alle Liebe. Wenn die Seele meditiert und mit diesem Strom in Verbindung kommt, empfindet sie Erfüllung und Freude, weil sie auch vom selben Wesen wie dieser Strom ist. Wenn wir mit dem Licht- und Klangstrom in Verbindung kommen, erleben wir allmählich mehr Genugtuung und Glück als bei irgendeinem weltlichen Vergnügen. Diese Verbindung ist die Kraft der Liebe, die unsere Aufmerksamkeit gottwärts richtet. Wir stellen fest, dass die weltlichen Vergnügungen ihren Reiz verlieren. Nichts in dieser Welt erfüllt uns so sehr, wie wenn unsere Seele in der Meditation mit Licht und Klang in Verbindung kommt. Die Seele möchte dann immer mehr von dieser Glückseligkeit erleben und vertieft sich immer mehr in das innere Licht und den inneren Klang. Schließlich erhebt sie sich auf diesem Strom aus der physischen Welt in die inneren Bereiche jenseitiger Schönheit. Je weiter die Seele nach innen reist, desto mehr Ekstase erfährt sie. Und je mehr Ekstase sie erfährt, desto mehr möchte sie. Sant Darshan Singh sagte in einem Vers:

Ich hoffte, der Mundschenk käme
und stillte meinen Durst.
Doch weh, er kam und ging,
und größer ist mein Durst.

Göttliche Vereinigung

Diese Anziehung zu stets zunehmender Glückseligkeit führt die Seele höher und höher durch die astralen, kausalen und suprakausalen Ebenen, bis sie die Wohnstatt Gottes erreicht. Dort erlangt sie schließlich ihre Vereinigung mit Gott. Sie taucht in ihre Quelle ein. Die beiden werden eins. Diese Vereinigung ist die größte Glückseligkeit, die eine Seele jemals erfahren kann. Wir können uns die Vereinigung eines Liebenden mit seiner Geliebten oder von Eltern und ihrem Kind vorstellen – Liebe, Zufriedenheit und Erfüllung. Doch die Erfahrung der Einheit der Seele mit Gott ist millionenfach größer. Diese Glückseligkeit erwartet jeden von uns. Es ist eine Vereinigung, die ohne physische Körper zustande kommt. Sie besteht nur zwischen Seele und Seele. Dies ist spirituelle Liebe. Es ist die höchste Form der Liebe, die in der Schöpfung möglich ist.

Die Liebe, die eine Seele bei der Vereinigung mit Gott erfährt, liegt weit über dem Bereich physischer Liebe oder Lust. Wenn wir einmal diese spirituelle Einheit gekostet haben, gibt uns physische Liebe nichts mehr. Die Vergnügungen des physischen Körpers sind nur biologisch und mechanisch. Wir mögen dabei momentan etwas empfinden, was aber nur unsere Muskeln und unser Nervensystem betrifft, und Gehirn und Sinne vermitteln uns das als physische Empfindung bzw. als physisches Vergnügen. Es dauert auch nur Augenblicke. Doch die Liebe, die wir bei der Vereinigung unserer Seele mit Gott erfahren, erfüllt unser Wesen nicht nur für einen Augenblick, sondern für alle Zeit. Es ist, als ob wir im Ozean schwimmen und von einer Woge nach der anderen ständig eingehüllt würden. In jedem Augenblick berühren Wellen der Liebe die tiefsten Winkel unseres Herzens und unserer Seele und bringen Glückseligkeit, Erfüllung und Ruhe mit sich. Damit ist keine physische Berührung oder Vereinigung verbunden. Dies besteht jenseits von Zeit und Raum und ist ewig.

Dies ist die Art von Liebe, die jeder von uns anstreben sollte. Sie kennt kein Ende. Daher schrieb Sant Darshan Singh in einem Vers:

Liebe hat nur einen Anfang,
*   sie hat kein Ende.*

Spirituelle Liebe kann niemals enden. Sie kennt keinen Tod. Selbst wenn der physische Körper vergeht, ist die Seele für immer mit ihrem Schöpfer eins. Liebe erfüllt unser Wesen in jedem Augenblick, ob wir schlafen oder wach sind, ob wir sitzen oder gehen.

Ehe, Partnerschaft und die spirituelle Reise

Ehepartner auf dem spirituellen Pfad sollten verstehen, welche Rolle die Liebe im Leben spielt. Wenn sie auf der Reise zurück zu Gott spirituell fortschreiten möchten, müssen sie sich gegenseitig helfen. Die beiden Lebenspartner sollten sich auf der spirituellen Reise gegenseitig beistehen. Sant Darshan Singh führte diesen Punkt noch weiter aus, als er sagte: »Liebe besteht nicht darin, sich gegenseitig in die Augen zu blicken; sie bedeutet, gemeinsam in dieselbe Richtung zu schauen. Und diese Richtung ist Gott.« Wenn beide Partner gemeinsam ihr spirituelles Ziel im Auge behalten, werden sie eine größere Liebe füreinander feststellen als bei einer körperlichen Vereinigung. Sie werden erkennen, dass sie beide mit göttlicher Liebe erfüllt sind. Beide werden die spirituelle Glückseligkeit durch die Verbindung mit Naam oder dem Wort genießen. Wenn sie fortschreiten, werden beide Seelen auf dem Licht- und Klangstrom voranschreiten, bis sie den ewigen Ozean der Liebe erreichen. Wenn beide Seelen mit göttlicher Liebe erfüllt sind, werden sie beide im selben Ozean schwimmen. Die beiden werden mit derselben Glückseligkeit, Ekstase und Einheit erfüllt sein. Welche gemeinsame Erfahrung zweier Seelen kann größer sein? Dann werden sich beide Partner noch näherkommen, weil sie beide dasselbe unbeschreibliche Vergnügen, dieselbe unaussprechliche Glückseligkeit erfahren. Die beiden teilen etwas miteinander, wovon der Rest der Welt nichts weiß. Sie werden eine Nähe zueinander haben, die größer ist als bei jeder physischen Vereinigung.

Gott – der größte Liebende

Anstatt unsere Aufmerksamkeit durch die Anziehungskraft der physischen Versuchungen auf die Welt zu richten, sollten wir vielmehr nach wahrer Liebe streben. Wir glauben, dass wir Freude und Glückseligkeit durch einen weltlichen Geliebten erlangen, doch Gott ist der größte Liebende. Eigentlich ist Er der Geliebte. Sant Darshan Singh sagte immer, wenn wir Vereinigung mit dem Geliebten erlangen, wissen wir nicht mehr, wer der Geliebte und wer der Liebende ist. Alle Mystiker und Heiligen im Verlauf der Zeiten haben über die Glückseligkeit göttlicher Vereinigung geschrieben. Viele beschrieben sie als Vereinigung von Geliebtem und Liebendem. Die Liebe Gottes ist größer als die Liebe irgendeines weltlichen Geliebten. Göttliche Liebe ist so allumfassend, dass wir sogar das Bewusstsein von uns selbst verlieren. Wir vergessen Raum und Zeit und auch unseren eigenen Namen. Wir sind in so großer Glückseligkeit verloren, dass wir aus diesem Zustand nicht mehr herauskommen wollen. Ein weltlicher Geliebter mag uns verlassen oder verletzen, doch die Liebe Gottes ist beständig. Er wird uns niemals verlassen. Er wird uns niemals Schmerz zufügen. Er hat uns nichts zu geben als beständige Liebe, beständige Freude und ewige Glückseligkeit. Er ist unser Geliebter, unser Freund, unser Vater, unser Alles.

Wenn wir von der Liebe Gottes durchdrungen sind, werden wir auch eins mit Ihm. Dann lieben wir alles, was Er liebt. Und Er liebt alles, was wir lieben. Unser Herz wird zu Seinem Herzen, und wir entwickeln Liebe für die gesamte Schöpfung. Wenn wir irgendein Wesen in diesem Universum betrachten, sehen wir es mit denselben Augen wie Gott. Wir empfinden Liebe für alle, weil auch sie ein Teil Gottes sind, weil sie Seele sind. Wir lieben sie wie uns selbst. Wir behandeln jedes Wesen wie unser eigen. Wir sehen das Licht Gottes in ihnen. Wir sehen die Gestalt unseres Geliebten in jedem einzelnen. Daher hat Sant Darshan Singh empfohlen:

*Umarme jeden Menschen
wie deinen Bruder,
und verströme deine Liebe,
gleich wo du bist.*

Spirituelle Lehrer haben uns im Verlauf der Zeitalter ein Beispiel für diesen Vers gegeben, weil die Liebe Gottes durch ihre Augen und ihr Herz floss. Sie liebten jeden, weil sie eins mit Gott waren und dieses Licht in den anderen sahen. Wenn Menschen spirituellen Lehrern begegneten, kamen sie mit der Liebe Gottes in Verbindung. Wenn wir das Ziel unseres Lebens, die Vereinigung mit Gott, erreichen, werden auch wir mit derselben göttlichen Liebe, die dann durch uns fließt, auf Erden wandeln. Wir werden jedem, dem wir begegnen, Freude und Trost spenden. Die Menschen werden Glück und Ruhe in unserer Gegenwart empfinden. Und wenn sie uns fragen, woher wir dieses besondere Geschenk erhalten haben, werden auch sie es haben wollen. Wenn jede Seele in der Schöpfung ihre Vereinigung mit Gott erfährt, würde diese Welt vor Glück und Freude überfließen und wir alle in einem Zustand der Glückseligkeit leben. Die Liebe auf diesem Planeten würde immer mehr zunehmen, bis das Königreich Gottes wirklich auf diese Erde kommt.

Je mehr Zeit wir in Meditation verbringen, desto mehr Liebe werden wir erfahren. Dies wird uns immer weiter in die inneren Ebenen ziehen, bis wir mit der Liebe selbst, mit Gott selbst, eins werden. Ich bete, dass jeder von uns dieses Ziel so schnell wie möglich erreicht, sodass eure Herzen für immer im Meer der göttlichen Liebe baden.

Übung

Denke an die liebevollen Beziehungen in deinem Leben. Versuche, diese Beziehungen aus dem Blickwinkel göttlicher Liebe zu betrach-

ten. Versuche, in jedem das Licht Gottes zu erkennen. Liebe dieses Licht in jedem auf der Seelen-Ebene. Notiere die Veränderungen, die du in deinen Beziehungen erkennst, wenn du die anderen von diesem Blickwinkel aus liebst.

Wer verheiratet ist, mag seine spirituellen Ansichten und Ziele mit dem Partner teilen. Versucht, Gemeinsamkeiten herauszufinden, und trefft Vereinbarungen, um euch gegenseitig auf der spirituellen Reise zu helfen.

14. Das Ego überwinden

Ein heiliger Mann entschloss sich einst, einen großen Heiligen aufzusuchen, um von ihm zu lernen, wie man Gotterkenntnis erlangt. Der Mann fand heraus, wo der Erleuchtete lebte, ging zu dessen Haus und klopfte an die Tür. »Wer ist da?« fragte der Heilige. Der Mann antwortete: »Ich bin es.« Vom großen Heiligen im Haus hörte man keine Antwort. Der Mann setzte sich nieder, um darüber nachzudenken, warum ihm der Heilige die Tür nicht öffnete. Nach einiger Zeit fiel ihm schließlich die Antwort ein. So klopfte der Mann wieder an der Tür. »Wer ist da?« fragte der Heilige. Der Mann sagte: »Du bist es.« Die Tür öffnete sich und der Heilige ließ ihn hinein.

Diese Geschichte vermittelt uns das Wesen der Demut. Sie enthält eines der Geheimnisse für den Erfolg auf dem spirituellen Pfad. Wenn wir all unsere Gedanken, all unsere Worte und all unsere Taten am Beispiel dieser Anekdote messen, werden wir ein unfehlbares Vorbild haben, wie wir unser Leben führen sollten, wenn wir Gotterkenntnis erlangen wollen. Die Mystiker sagen, dass Gott der Menschheit erklärt hat: »Wo du bist, bin ich nicht. Wo du nicht bist, da bin ich.« Wenn wir Gott finden wollen, müssen wir in unser Inneres gehen und unser Wesen mit Ihm erfüllen. Die Menschheit befindet sich derzeit in einem Zustand, der uns glauben lässt, dass wir nur aus Gemüt und Körper bestehen. Wir denken, unser wahres Wesen sei der Körper, in den wir geboren wurden. Wir alle haben einen Namen, wir haben eine Religion und wir haben eine Nationalität. Wir haben auch das Gemüt. Als die Seele den Körper betrat, sollte sie eigentlich Körper und Gemüt kontrollieren. Doch anstatt Körper und Gemüt als Werkzeuge zu benutzen, wurde sie vom Gemüt überwältigt. Das Gemüt liebt die Freuden. Es wird seinerseits von den Sinnen in die Welt gezogen, um das Vergnügen zu suchen. Das Gemüt hat also die Seele in die Welt mitgezogen und als Ergebnis hat die Seele ihr wahres Selbst vergessen und sich mit dem Gemüt identifiziert.

Jeder Mensch denkt, alles zu können, alles zu wissen und die besten Eigenschaften zu besitzen. Wir alle sind voller Ego. Das Ego hält uns davon ab, unser wahres Selbst und Gott zu erkennen. Wenn wir jemals diesem Netz entkommen wollen, müssen wir uns der irreführenden Fallen bewusst sein und einen Weg herausfinden.

Die zahlreichen Arten von Ego

Das Ego manifestiert sich vielfältig. Normalerweise verbinden wir Ego mit Stolz. Wir können stolz sein auf Wissen, Macht und Reichtum. Stolz bedeutet zu glauben, für unsere Erfolge selbst verantwortlich zu sein. Wir führen unsere Situation und unseren Besitz auf unsere eigenen Anstrengungen zurück. Wir glauben, anderen in vielerlei Hinsicht überlegen zu sein. Könnten wir die Schöpfung überblicken, würden wir erkennen, wie falsch es ist, so zu denken.

Beginnen wir mit dieser Analyse von vorne. Ganz gleich, welchen religiösen Hintergrund wir haben, uns allen wird beigebracht, dass Gott der Schöpfer ist. Durch Ihn entstand das gesamte Universum. Er erschuf die Menschheit und alle Lebensarten. Wenn wir allein diese Tatsache betrachten, sollten wir schon erkennen, dass wir nur winzige Teile im gesamten Schöpfungsplan sind. Er ist alles und wir sind nur sehr kleine, unbedeutende Wesen. Dennoch erkennen dies nur wenige von uns. Wenn wir unsere Gedanken überprüfen – wie oft denken wir an Gott als unseren Schöpfer? Wie oft danken wir Ihm für unser Leben? Wie oft erkennen wir, dass Er der Gebende all unseres Besitzes ist? Nur wenige erinnern sich in ihrem Alltagsleben an Ihn und Seine Gaben. Wir sind in diesem Panorama des Lebens so gefangen und haben alles über Gott vergessen. Sicherlich, an unseren Orten der Gottesverehrung oder vor dem Essen sprechen wir mechanisch Gebete. Es ist richtig, wir erinnern uns an Ihn, wenn wir wollen, dass Er uns vor einer unangenehmen Situation

145

oder einer schweren Krankheit bewahrt. Doch die meiste Zeit über haben wir kaum einen Gedanken für Ihn übrig. Gott zu vergessen, geht in der heutigen Zeit so weit, dass manche sogar seine Existenz verleugnen. Es gibt Atheisten, die nicht an die Existenz Gottes glauben. Viele Jahre lang haben Wissenschaftler Gott aus ihrer Sicht des Universums entfernt, weil sie Ihn durch ihre wissenschaftlichen Messgeräte nicht beweisen konnten.

Wir sehen, wohin uns der Einfluss des Egos führen kann. Manche Wissenschaftler verbreiten Theorien, wonach das gesamte Universum entweder durch ein Missgeschick oder durch Zufall entstanden ist. Es gibt die Staubpartikeltheorie, die besagt, dass das gesamte Universum aus Staubteilchen ins Sein kam. Auf der Suche nach den Wurzeln der Menschheit haben manche Wissenschaftler Gott aus ihrem Weltbild entfernt – so als ob wir aus dem Nichts entstanden wären.

Aber es gibt auch so manche besonders inspirierte Wissenschaftler, die sich die Frage gestellt haben, wie ein so vollkommenes Universum und ein so komplexer und gut geplanter Organismus wie der menschliche Körper durch Zufall entstehen konnten. Es gab große Wissenschaftler, die tatsächlich glaubten, dass nur ein intelligenter Schöpfer dieses Universum, die Natur und alle Lebensformen einschließlich der Menschen gestalten konnte. Wer die Feinheiten der Natur erkennt und Ehrfurcht davor hat, besitzt die nötige Demut, um zu erkennen, dass eine höhere Macht für dieses Universum verantwortlich ist. Dennoch geht ein Großteil der Menschheit durch das Leben, ohne vom unsichtbaren Schöpfer zu wissen. Man misst dem individuellen Selbst und den persönlichen Fähigkeiten und Kräften zu viel Bedeutung bei.

Stolz auf Wissen umfasst ein breites Spektrum an Fallen, die das Gemüt ausgelegt hat. Wenn unsere Seele den Körper betritt, wirkt sie in dieser Welt durch das Gemüt. Das Werkzeug des Gemüts ist das Gehirn. Das Gehirn ist ein komplexes Organ, das Sinneseindrücke aus der Welt empfängt. Von Kindheit an wird uns eine Kultur nähergebracht, die uns veranlasst, diese Eindrücke auf eine bestimmte Weise auszulegen. Wenn wir durch

146

unsere Augen den Eindruck erhalten, dass gefaltete Hände »Hallo« bedeuten, werden wir diese Geste immer als »Hallo« interpretieren, doch in einigen Ländern bedeuten gefaltete Hände nicht »Hallo«. Es kann bedeuten, dass jemand betet. In wieder anderen Ländern heißt es, dass jemand um etwas bittet oder dass er bettelt. Die Geste ist immer dieselbe, wir erhalten denselben visuellen Eindruck, doch unsere Kultur lehrt uns, ihr eine bestimmte Bedeutung beizumessen.

Neben dem Empfangen und Interpretieren von Eindrücken dient das Gehirn auch dazu, mit der Welt zu kommunizieren. Es ist in der Lage, ein System der Kommunikation zu erlernen, das wir als Sprache bezeichnen. Dadurch können wir anderen unsere Gedanken mitteilen. Wir können uns durch Sprechen, durch Schreiben und durch körperliche Bewegungen zum Ausdruck bringen.

Es gibt viele unwillkürliche Handlungen, die vom Gehirn kontrolliert werden. Unser Atem, unser Herzschlag und die Freigabe von Hormonen, die die Körperfunktionen regulieren, werden vom Gehirn gesteuert. Manche Funktionen des Gehirns dienen dem Schutz des menschlichen Organismus. Beim Berühren eines heißen Gegenstandes senden die Sinnesnerven eine Botschaft zum Gehirn, wodurch die Muskeln veranlasst werden, den Finger von der Hitze zurückzuziehen. In einer Gefahrensituation setzt das Gehirn eine Körperfunktion in Gang, die Adrenalin ausstößt, um uns mit Energie und Kraft für Kampf oder Flucht zu versorgen.

Viele glauben, dass das Gehirn der Sitz des Denkens ist. Es besteht jedoch ein Unterschied zwischen Gemüt und Gehirn. Das Gehirn ist wie ein Computer, der viele Funktionen ausübt. Es ist jedoch das Gemüt, das das Gehirn kontrolliert. Das Gemüt ist ein Produkt der Kausalebene der Schöpfung. Diese Region besteht aus einer Mischung von Geist und Materie. Da das Gemüt die Oberhand hat, beruhen viele Entscheidungen und Handlungen in dieser Welt darauf, die Wünsche und Begierden des Gemüts zu erfüllen. Das Ziel des Gemüts ist, uns in der Welt gefangen zu halten, und daher kontrolliert es unsere Gedanken, Worte und Taten. Die Seele hat sich selbst vergessen und wird vom Gemüt mitgezogen. Wenn wir aufwachsen, lernen wir, wie wir in unserer vorgegebenen Kultur sprechen und handeln sollen. Wir gehen zur Schule und erlangen Wissen über dieses Universum. Jeden Augenblick werden wir von Sinneseindrücken überhäuft. Unser Gehirn hat die Fähigkeit, Millionen Informationseinheiten aufzunehmen, zu speichern und wieder abzurufen – gleich einem Computerchip. Es ist ein flexibles Instrument, das vom Gemüt eingesetzt werden kann, um alle Informationen auf neue und einzigartige Weise zusammenzustellen. Daher sind die Menschen erfinderisch und innovativ. Worte können millionenfach zusammengesetzt werden, um neue Geschichten, Bücher, Ideen und Erfindungen zu schaffen. Die Noten der Tonleiter können ebenfalls millionenfach kombiniert werden, um eine große Vielfalt an Melodien zu schaffen. Die Erfindungen, die unser Gemüt erschaffen kann, sind zahllos. Das Gemüt kann uns Äonen lang in dieser Welt beschäftigt und eingebunden halten, ohne müde zu werden oder sich zu langweilen. Es gibt immer neue und aufregende Erfindungen oder Vorhaben, die uns beschäftigen.

Wenn das Gemüt neue Ideen produziert oder neue Erfindungen macht, um die Welt zu ändern und zu verbessern, glaubt es, der Handelnde zu sein. Es hat völlig vergessen, dass die Farben der Palette, die es zum Malen benützt, von Gott selbst erschaffen wurden. Es vergisst, dass die Noten der Tonleiter, mit denen es Lieder komponiert, von Gott selbst erschaffen wurden. Es vergisst, dass das wunderbare Gehirn, mit dem es mit der Welt kommuniziert, ebenfalls eine Schöpfung Gottes ist. Wir sind so erfüllt vom Stolz auf das, was wir wissen, wie viel wir wissen und wie erfinderisch wir sind, dass wir vergessen haben, dass die Werkzeuge, die wir benutzen, von Gott erschaffen wurden.

Stolz

Unser Stolz auf Wissen hat manch schädliche Auswirkungen, vor denen wir uns in Acht nehmen müssen. Wir vergessen nicht nur Gott, wenn wir glauben, der Handelnde zu sein, sondern wir verletzen oft andere. Stolz auf Wissen drückt sich dadurch aus, dass wir glauben, besser als die anderen zu sein. Jemand, der den Fängen dieser Art von Stolz erlegen ist, wird glauben, dass er immer Recht habe. Wir glauben nicht nur, Recht zu haben, sondern vertreten dies auch vor den anderen. Wir sind der Meinung, der andere habe unrecht, ist unfähig oder dumm. Wir glauben, dass unser Weg am besten sei. Die Auswirkungen dieser Denkweise reichen von bloßer Beleidigung und kleinen Auseinandersetzungen bis zum Krieg. Wie viele Menschenleben wurden vernichtet, weil ein Herrscher der Ansicht war, dass er selbst im Recht sei, während er alle anderen loswerden wollte, die anders dachten als er? Wie viele Kriege wurden ausgefochten, weil der Anführer einer Nation die eigene Ideologie für besser hielt als die anderer Länder?

Die meisten Argumente, die in unzähligen Häusern und Ämtern erklingen, haben ihre Grundlage im Stolz auf Wissen. Vorgesetzte und Angestellte diskutieren, Mitarbeiter argumentieren, Eltern und Kinder, Männer und Frauen streiten. Und Inhalt der meisten dieser Streitereien sind Egokämpfe – es geht darum, wer Recht hat oder wer besser ist. Durch dieses Mittel hält uns das Gemüt in sinnlosen Konflikten verstrickt, die Seele wird davon abgehalten, sich selbst zu erkennen. Wenn wir daran denken, wie lange jede Auseinandersetzung dauert, werden wir erkennen, wie viel Zeit wir im Leben verschwenden. Ein Streit kann Stunden und Tage dauern, manchmal setzt er sich sogar über Monate und Jahre fort. So vergeht die wertvolle Zeit, die uns in diesem Leben zur Gotterkenntnis zur Verfügung gestellt wurde. Wie viel besser wäre es, wenn wir diese Zeit dazu einsetzen könnten, uns selbst zu erkennen und Gott zu erkennen! Wie viel sinnvoller wäre es, diese Zeit dafür zu verwenden, etwas zu unternehmen, um anderen zu helfen!

Stolz auf Wissen hält auch zahllose Seelen davon ab, Gott zu erkennen. Wir werden von unseren Eltern erzogen, an die eine oder andere Religion zu glauben. Wir denken niemals daran, dass es ebenso möglich gewesen wäre, in einer anderen Religion aufzuwachsen und fest an deren Lehren zu glauben. Auf diese Weise werden die Menschen in Bezug auf die Religion und deren Inhalte dogmatisch. Nur wenige besitzen die Unterscheidungskraft, um zu erkennen, dass es nicht einen Gott für jede Religion geben kann. Es gibt nur einen Gott. Nur wenige nehmen sich Zeit und Mühe, um eine vergleichende Studie der Religionen durchzuführen. Würden sie dies tun, könnten sie erkennen, dass bestimmte Wahrheiten allen Religionen gemein sind. Doch stattdessen glaubt jeder, dass seine Religion der einzige Weg sei.

In jedem Zeitalter kommen erleuchtete Seelen, um der Menschheit zu zeigen, dass es nur einen Gott gibt und wir alle seine Kinder sind. Sie kommen, um die Menschheit in einer gemeinsamen Liebe und Bruderschaft zu vereinen. Sie zeigen auf, dass jede Religion dem Grunde nach gleich ist und denselben Weg zu Gott lehrt. Die Bräuche mögen von Religion zu Religion verschieden sein, die Sprache, um dasselbe auszudrücken, mag anders sein, doch es werden dieselben grundlegenden Wahrheiten vermittelt. Hält uns der Stolz auf unser eigenes Wissen gefangen, sind wir nicht gewillt, jemandem zuzuhören. Statt die grundlegenden Lehren aller Religionen herauszufinden, verschließen wir unsere Ohren. Als die verschiedenen Religionsgründer in die Welt kamen, lehrten sie eine Methode, mit deren Hilfe jeder von uns Gott erkennen kann. Im Verlauf der Zeit ging die esoterische oder innere Seite der Religion verloren und die exoterische oder äußere Seite blieb zurück. So stellen wir fest, dass wir Bräuche und Riten ausüben, trotzdem aber niemals Gott finden. Wir rühmen uns ob der Tatsache, dass wir die Schriften kennen, dass wir regelmäßig die Stätten der Gottesverehrung aufsuchen und Bräuche einhalten. Wir glauben, dass das, was wir tun, genug ist. Doch wer sein Gemüt und sein Herz öffnet, um die Grundlagen der Religionen zu erforschen, um herauszufinden, was unsere Religionsgründer tatsächlich lehrten, und um den Wesenskern aller Religionen zu vergleichen, wird feststellen, dass es einen praktischen Weg gibt, um Gott zu finden.

Selbst wenn wir zu einer erleuchteten Person gehen, die uns den Weg zu Gott zeigen kann, steht doch vielleicht der Stolz auf Wissen unserem Fortschritt im Wege. Oftmals hält uns unser Stolz davon ab, die Anweisungen genau zu befolgen. Wir beurteilen alles anhand unseres Intellekts. Anstatt das Experiment zu versuchen und die aufgezeigte Methode genau zu befolgen, verändern wir alles entsprechend unseren Wünschen und Abneigungen. Wir nehmen uns nur den Teil der Lehren heraus, der zu unseren vorgefassten Meinungen passt. So setzen wir vielleicht die Lehren nur zum Teil um und erhalten dann auch nur teilweise Ergebnisse. Wenn wir Gott wirklich finden wollen, müssen wir mit der Offenheit von Studenten einer Hochschule zu einem spirituellen Lehrer gehen. Welchen Fortschritt würde ein Student, der Chemievorlesungen besucht, machen, wenn er dem Professor nicht zuhört und die Lehren ignoriert – im Glauben, bereits alles zu wissen. Wir benötigen mindestens ein wenig Vertrauen, um die Methode auszuprobieren. Wenn sie der Student dann richtig angewendet hat, kann er die Methode besser beurteilen. Wenn wir jedoch unwissend sind, aber voll Stolz auf unser vermeintliches Wissen zu einem Lehrer gehen, werden wir nichts gewinnen. Wir sind wie ein umgedrehter Becher. Wie kann man in solch einen Becher Wasser gießen?

Wir haben gesehen, wie der Stolz auf Wissen Meinungsverschiedenheiten – angefangen von kleinen Streitereien bis hin zum Krieg – verursachen kann. Er hält uns so in der Welt beschäftigt, dass wir keine Zeit für die Entwicklung unserer spirituellen Seite aufbringen, und hält uns davon ab, eine Methode zu finden, um Gott zu erkennen. Wenn wir aufrichtig daran interessiert sind, zu unserem Schöpfer zurückzukehren, müssen wir uns dieses Hindernisses auf dem Weg bewusst sein.

Es gibt auch den Stolz auf Macht, der uns von unserer inneren Reise abbringt. Stolz auf Macht bedeutet zu versuchen, andere zu beherrschen bzw. zu kontrollieren. Wir wollen das Leben und Schicksal unserer Mitmenschen bestimmen. Zu Hause versuchen wir, auf das Leben unserer Familienmitglieder Einfluss zu nehmen. Wir lassen ihnen keinen Raum für individuelle Bedürfnisse oder Wünsche. Wir verletzen ständig andere und versuchen, sie herumzukommandieren. In unseren Büros versuchen wir, unsere Macht einzusetzen, um unsere Wünsche durchzusetzen, und denken dabei nicht an die anderen, die mit uns arbeiten. Während wir uns unseren Vorgesetzten gegenüber sehr höflich verhalten, behandeln wir unsere Mitarbeiter und Untergebenen wie Tyrannen, haben manchmal kein Gespür für deren Bedürfnisse und treffen willkürliche Entscheidungen, um unsere Macht zu zeigen. Wir versuchen, anderen unsere Ansichten und Ideen aufzuzwingen. Wir haben gesehen, wie verheerend die Auswirkungen von Stolz auf Macht im Weltgeschehen sind. Manch ein Diktator hat seine Untergebenen grausam und ruchlos verfolgt und sogar umgebracht. Wenn wir zu Gott zurückkehren möchten, müssen wir den Fehler, stolz auf Macht zu sein, aufgeben. Wir müssen unseren Beruf effizient und gut ausüben, doch dürfen wir dabei niemanden verletzen. Wir sollten zu allen, die mit uns zusammenarbeiten, nett, höflich und liebevoll sein. Wir glauben vielleicht, allmächtig zu sein, müssen jedoch daran denken, dass es Gott ist, der wirklich allmächtig ist. Wenn wir Mitleid und Gnade von Ihm erwarten, müssen auch wir mitleidsvoll und gnädig zu anderen sein.

Schließlich besitzen wir Stolz in Bezug auf Reichtum. Wir denken niemals daran, dass Wohlstand ein Geschenk Gottes ist. Wenn wir ihn verlieren, beschuldigen wir Gott, doch wenn wir ihn erlangen – danken wir dann jemals Gott? Und wenn wir ihn besitzen – denken wir jemals daran, ihn mit den weniger Begünstigten zu teilen?

Wer den spirituellen Pfad geht, muss sich vor dem Fehler in Acht nehmen, stolz auf Reichtum zu sein. Wir sollten dankbar sein, wenn wir Geld haben und viel besitzen, aber auch den Notleidenden gegenüber ein offenes Ohr haben. Wir sollten einen

Teil unseres Wohlstandes für den Dienst an der Menschheit einsetzen, die gesamte Menschheit als Brüder betrachten und denen helfen, die zu uns kommen. Wir müssen alle gleich behandeln, ob sie reich sind oder nicht.

Heilige und Mystiker lieben alle Menschen, ungeachtet ihres sozialen Standes und ihrer Position im Leben. Sie sehen, dass das Licht Gottes in allen erstrahlt. Sie geben allen, die ihnen begegnen, das höchste Beispiel der Liebe und Demut. Wenn große Heilige und Mystiker, die mit Gott eins geworden sind, so viel Demut besitzen – wie können dann wir vom Ego aufgeblasen sein? Alles, was wir haben, stammt von Gott. Wir müssen mit diesem Stolz aufräumen und alles als Geschenk Gottes erkennen.

Wie man Stolz überwindet

Wir können die verschiedenen Arten von Stolz tilgen, wenn wir an Gott denken. Wenn wir möchten, dass Gott in unserem Herzen wohnt, müssen wir unsere Ichheit auslöschen und durch Du, durch Gott, ersetzen. Hazur Baba Sawan Singh erklärte sehr schön, dass Gott dann, wenn wir in der Meditation die Tür blockieren und davor stehen, nicht eintreten kann. Wenn wir jedoch einen Schritt zur Seite gehen und auf Gottes Ankunft warten, wird Er eintreten. Dann erfüllt Er uns mit Seiner Liebe, Seinem Licht und Seiner Musik. Je mehr wir uns von unserem Ego befreien, desto mehr kann Gottes Gnade in uns einfließen. Schließlich wird unser ganzes Wesen von Gott durchdrungen sein, bis wir eins mit Ihm werden. Dies ist das Geheimnis der Demut.

Übung

Beobachte dich einige Tage und schreibe die Formen von Ego in dir auf. Notiere die Art und Weise, wie sich das Ego als Stolz aus-

drückt. Versuche, die Anzahl der egoistischen Verhaltensweisen zu verringern und durch Demut zu ersetzen. Denke daran, dass all das Gute in dir ein Geschenk des Schöpfers ist, und danke Ihm still dafür.

Wenn du feststellst, dass du andere egoistisch behandelst, betrachte sie von dem Standpunkt aus, dass sie ebenfalls das Licht Gottes in sich tragen. Versuche, Wege zu finden, um Respekt für andere zu zeigen und vom Standpunkt der Gleichheit aus Unterschiede zu beseitigen.

15. Selbstlosigkeit

Es gibt eine wunderschöne Geschichte aus Persien über einen Mann, der zu Gott betete, ihm den größten Ergebenen Gottes zu zeigen. Gott erschien und forderte den Mann auf, das Haus eines Seiner Ergebenen in einem bestimmten Dorf aufzusuchen. So ging der Mann an den Ort, wohin ihn Gott sandte. Nachdem er angekommen war, fand er heraus, dass der ergebene Mann noch keine Pilgerreise nach Mekka unternommen hatte. »Was für ein Ergebener ist das?«, wunderte er sich. Als er nach dem Grund fragte, warum der andere die Heilige Stadt noch nicht besucht hätte, sagte ihm der Ergebene Folgendes: »Ich hatte genug Geld für diese Reise gespart. Es kam jedoch ein Nachbar zu mir, der um Geld für seine hungernde Familie bat. So gab ich ihm das ersparte Geld und war damit nicht mehr in der Lage, die Reise anzutreten.« Der Besucher erklärte ihm daraufhin: »Deine Pilgerfahrt wurde angenommen. Gott erzählte mir, dass du Sein größter Ergebener bist. Indem du deinen Mitmenschen dienst, bist du ein wahrer Ergebener und Diener Gottes.«

Jede Religion betont, wie wichtig es ist, zum Wohle der anderen etwas zu geben. In den verschiedensten Religionen gibt es Geschichten, die betonen, dass Gott an jemandem Wohlgefallen fand, der anderen in Not half. Selbst wenn jemand kein Heiliger ist, wird sein Status in den Augen Gottes durch eine noble Geste, die das Leid eines anderen lindert, erhöht.

Wenn wir nur an unsere eigene Reaktion auf verschiedene Beispiele selbstlosen Dienens denken, ahnen wir, warum es eine so wesentliche Eigenschaft ist. Wir lesen oft Berichte in Zeitungen oder Magazinen oder sehen Fernsehsendungen über Menschen, die heldenhafte Schritte unternommen haben, um anderen zu helfen. Oft sind wir gerührt oder inspiriert von Berichten über Leute, die ihr Leben einsetzten, um jemanden zu retten. Wir verehren Helden, die für ihr Land gestorben sind. Wir erheben diejenigen zu Märtyrern, die versuchten, der Menschheit zu helfen und dabei ihr Leben verloren. Selbstloser Dienst ist eine der edelsten Taten, die man in seinem Leben vollbringen kann.

Es kommt selten vor, dass ein Durchschnittsmensch die Möglichkeit erhält, sein Leben zu opfern, um jemand anderen zu retten. Aber es gibt zahlreiche Gelegenheiten, die sich uns täglich bieten und bei denen wir anderen helfen können. Wir können dabei unsere Zeit, unser Geld oder andere Mittel oder unsere Fähigkeiten einsetzen bzw. opfern. Es besteht kein Mangel an Möglichkeiten, etwas zum Wohle der Menschheit zu geben.

Was ist selbstloses Dienen?

Die erste Frage, die sich uns stellt, lautet: Was ist selbstloser Dienst? Wahrer selbstloser Dienst ist ein Ausdruck von Liebe. Wir wissen, die größte Liebe in dieser Welt ist die Liebe einer Mutter für ihr Kind. Dieses Gefühl der Zuneigung ist so groß, dass die Mutter selbstverständlich viele Opfer erbringt, damit sich das Kind wohlfühlt. Sie wird zu jeder Stunde in der Nacht aufstehen, um dem Kind Nahrung zu geben. Sie wird vieles aufgeben, um sich um ihr Kind zu kümmern. Die Mutter wird eher für ihr Kind Geld ausgeben als für sich selbst. Niemand befiehlt ihr, so etwas auf sich zu nehmen. Es kommt spontan aus ihrem Herzen. Sie erwartet keine Gegenleistung. Sie gibt, weil sie ein angeborenes Bedürfnis dafür hat.

Wahrer selbstloser Dienst umfasst mehr, als nur unserer Familie zu helfen; er schließt die gesamte Menschheit mit ein. Es ist eine edle Eigenschaft, für alle Menschen Gefühle der Liebe zu hegen, sowohl für unsere Bekannten als auch für alle anderen. Eines der spirituellen Ziele ist es, der gesamten Menschheit zu helfen, die Eigenschaften der Liebe für alle und des Dienstes an allen zu entwickeln. In den Schriften der Sufis heißt es, dass Gott die Menschen erschuf, damit sie lieben und anderen dienen. Wollte Er nur Hingabe allein, hätte Er bereits die Engel gehabt. Aber der Mensch ist das einzige Wesen in der Schöpfung, das die göttlichen Eigenschaften der Liebe und des Dienens am Nächsten besitzt. Um ein vollkommener Mensch zu werden, müssen wir diese Qualitäten entwickeln.

Die Vorteile selbstlosen Dienens

Selbstloser Dienst stellt ein Paradoxon dar. Um wirklich selbstlos zu dienen, muss man ohne Wunsch nach einer Belohnung oder Anerkennung handeln. Es wird frei gegeben; das Motiv ist ein uns angeborenes Verlangen, anderen zu helfen. Zur Zeit des Helfens vergisst man die eigenen Bedürfnisse und Wünsche und auch die eigene Bequemlichkeit und Sicherheit. Es gibt sogar Menschen, die ihr Leben opfern, um andere zu retten. Wirklich selbstlose Menschen erwarten nichts als Gegenleistung für ihre Taten. Das dem selbstlosen Dienst zugrundeliegende Paradoxon besteht darin, dass wir einerseits keine Belohnung erwarten, aber dennoch die höchste Belohnung erhalten – das Wohlgefallen Gottes.

Dieser Vorteil scheint nicht greifbar zu sein. Doch für diejenigen, die an ihrer spirituellen Entwicklung interessiert sind, ist es das höchste Geschenk, das man im Leben erhalten kann. Man erntet die Früchte, wenn man in die Stille des eigenen Selbstes geht und feststellt, dass sich die innere Tür zu Licht, Liebe und Frieden leicht öffnen lässt. Diese Schätze durchfluten selbstlose Seelen und erfüllen sie mit innerer Freude und Erfüllung, die weit über allem liegt, was man aus weltlichen Errungenschaften erhalten kann. Sant Darshan Singh sagte oft, dass die Vorteile selbstlosen Dienens genauso groß seien, wie wenn man dieselbe Zeit in Meditation verbringt.

Ein Leben der Gewaltlosigkeit, Wahrhaftigkeit, Reinheit des Herzens und der Demut trägt zum Gleichmut des Gemüts bei, der erforderlich ist, um fruchtbare Meditationserfahrungen zu machen. Doch selbstloser Dienst sorgt für die Gnade, die die inneren Tore öffnen hilft.

Wenn wir jemandem helfen, weitet sich unser Herz. Es dehnt sich aus, damit wir uns als Mitglieder der Menschheit umarmen. Allein diese Handlung öffnet unsere Seele. Wenn Liebe von uns auf andere ausströmt, kann die Liebe Gottes in uns einfließen. Während dieser Austausch stattfindet, beginnen sich unsere Seelenströme zu jenem Punkt zu erheben, an dem wir das göttliche Licht in uns erfahren können. Unsere Meditation erhält einen Auftrieb und unsere Seele füllt sich mit Frieden und Freude und steigt in höhere Bewusstseinszustände auf. So beschleunigen wir durch selbstlosen Dienst unseren Fortschritt auf unserer Reise zu innerem Frieden und Glückseligkeit.

Physischer Dienst

Es gibt verschiedene Arten, wie wir anderen helfen können: physischer Dienst, intellektueller Dienst und spiritueller Dienst oder Dienst mit der Seele. Physisches Dienen bedeutet, dass wir handeln, um anderen zu helfen, ihre elementaren Bedürfnisse, wie Nahrung, Kleidung, Unterkunft und Sicherheit, zu erhalten. Es umfasst alles, was diesen Bedürfnissen dient. Die meisten Menschen sind damit beschäftigt, sich um ihren Lebensunterhalt zu bemühen. Es gibt Ingenieure, Bauern, Schneider, Polizeibeamte und wir kennen viele andere Berufe, bei denen man Geld verdienen kann, um die elementaren Bedürfnisse zu befriedigen. Dann gibt es diejenigen, die freiwillig ihre Zeit einsetzen und sich bemühen, anderen zu helfen, ohne dafür eine finanzielle Belohnung zu erhalten. Wenn sich Menschen in einer unangenehmen Situation befinden oder einer Naturkatastrophe zum Opfer gefallen sind, haben sie oft keine Unterkunft mehr, keine Nahrung, keine Kleidung oder Medizin. Helfen wir ihnen in einer solchen Krise, ist dies physischer Dienst. Unser Herz ist natürlich gerührt, wenn wir die hilflosen Gesichter derer sehen, die ihren gesamten Besitz verloren haben und an Hunger und Krankheiten leiden.

Sant Kirpal Singh besuchte einmal seinen Onkel im Krankenhaus. Dort sah er einen alten und schwachen Mann neben seinem Onkel liegen. Niemand kümmerte sich um ihn. So verwendete Sant Kirpal Singh sein eigenes Geld, um für den Mann Medizin, Milch und Früchte zu kaufen. Sant Kirpal Singhs Onkel meinte, dass er zwar verstehe, wenn sein Neffe Geld für den Onkel ausgebe, aber nicht, dass er das auch für einen Fremden tue. Sant Kirpal Singh sagte daraufhin: »Ihr seid mir beide gleich lieb. Dieser Mann hat dasselbe Recht auf mich wie du. Tatsächlich hat die ganze Schöpfung dasselbe Recht auf mich.« Daher sollten wir all unsere Mitmenschen als Brüder und Schwestern in Gott betrachten und alle mit derselben Liebe und Fürsorge behandeln. Wir sollten herausfinden, ob unsere Nachbarn krank sind, und versuchen, ihnen zu helfen. Sant Darshan Singh sagte in diesem Zusammenhang in einem Vers:

Mond und Sterne
  sind uns so nah.
Doch ach, unsres Nachbarn Herz
  haben wir nicht erreicht.

Intellektueller Dienst

Menschen haben auch intellektuelle Bedürfnisse; sie sind von Natur aus wissbegierig und wollen lernen. Es gibt viele, die den intellektuellen Wünschen der Gesellschaft gerecht werden. Wir haben Lehrer und Professoren, Dichter und Journalisten. Es gibt viele, die sich mit Kunst, wie Musik, Dichtkunst, Malerei, Bildhauerei oder Tanz, beschäftigen. Diese kreativen Bereiche gehen auf die Bedürfnisse der Menschheit auf intellektueller und ästhetischer Ebene ein. Nochmals, es gibt viele, die ihren Lebensunterhalt verdienen, indem sie auf diese Weise anderen dienen. Aber es gibt auch solche, die dasselbe ohne finanziellen Ausgleich tun. Menschen opfern freiwillig ihre Zeit und bemühen sich, andere auszubilden oder durch eine kreative Kunst zu beglücken. Intellektueller Dienst hilft anderen, Fertigkeiten oder Wissen zu erlangen, was ihnen im Leben weiterhilft. Es gibt viele Möglichkeiten, den Menschen zu helfen, intellektuell zu wachsen, um sich selbst und die Gesellschaft zu verbessern.

Dienst an der Seele

Es gibt noch einen anderen Bereich des selbstlosen Dienens, bei dem es um mehr als die körperlichen und intellektuellen Bedürfnisse der Menschheit geht. Die Menschen haben auch spirituelle Wünsche; ihnen ist das Bedürfnis angeboren herauszufinden, wer sie sind und wie sie von Gott erfahren können. Alle Zivilisationen in der Geschichte hatten ein System, um das Wesen von Gott und der Seele zu ergründen. Ob man ein solches System als Religion, Philosophie oder Glauben bezeichnet, alle Gesellschaftsordnungen versuchten, das Geheimnis des Lebens und des Todes, der Seele und Gottes, zu lösen. Selbst in der heutigen Zeit gehören die Menschen der einen oder anderen Religion an, dem einen oder anderen spirituellen Weg, dem einen oder anderen Glauben, und verbringen ihre Zeit damit, die inneren Mysterien zu erforschen. Dienst an der Seele bedeutet, den Menschen zu helfen, ihre Suche nach Spiritualität aufzunehmen. Spirituelle Lehrer, Mystiker und Adepten, die schon selbst ihr Ziel erreicht und die spirituelle Reise vollendet haben, vollbringen einen großen Dienst: Sie widmen ihr Leben anderen und geben ihr göttliches Wissen an sie weiter. Sie geben der Menschheit die Antworten auf ihrer spirituellen Suche. Sie können die theoretische Seite der Spiritualität lehren und anderen helfen, eine praktische Erfahrung zu gewinnen, um dasselbe Ziel wie sie zu erreichen. Die spirituelle Sehnsucht der Menschheit zu erfüllen, ist eine Aufgabe, die nicht von jedem vollbracht werden kann. Es ist nicht ein Beruf, um den sich jeder bewerben kann und wofür man dann ein Gehalt bekommt.

Es ist ein höchst spezieller Bereich, in dem nur der wirken kann, der die höchste spirituelle Stufe erreicht hat. Diese Art von Dienst kann nur von Heiligen, Mystikern, Propheten, spirituellen Lehrern, Murshids, den verwirklichten Seelen, ausgeübt werden. Doch jeder, der sich den spirituellen Übungen fleißig widmet, kann das höchste Ziel selbst erreichen. Sant Kirpal Singh hat gesagt: »Was einer getan hat, kann auch ein anderer vollbringen.«

Ein Einziger kann einen Unterschied bewirken

Während wir uns selbst spirituell entwickeln, verbringen wir auch Zeit damit, der Menschheit zu dienen, damit auch andere Frieden und bleibendes Glück erleben können. Wir möchten unsere Freude mit der ganzen Welt teilen. Sant Darshan Singh war ein vollkommenes Beispiel von jemandem, der sich wirklich um die anderen kümmerte. Sein Leben war ein langes Lied des Opferns, um anderen körperlich, intellektuell und spirituell zu helfen. Er sagte in einem Vers:

> *In dieser Welt wird jeder*
> *von seiner Not verzehrt.*
> *Nur Darshan teilt das Leid*
> *seiner Mitmenschen.*

Dabei versucht er uns zu erklären, dass wir auch dann, wenn sich andere nur um sich selbst kümmern, unser Herz öffnen und das Leid und die Sorgen der anderen teilen sollen. Wir fragen uns vielleicht, welchen Unterschied ein einziger Mensch bewirken kann. Betrachten wir einmal unsere Weltanschauung. Die meisten wünschen sich aus tiefstem Herzen nicht nur für sich selbst spirituellen Fortschritt, sondern beten um Frieden in der Welt. Die meisten möchten ein Zeitalter sehen, in dem es keine Kriege gibt, keine Verbrechen, keine Gewalt und keinen Hunger. Wir alle sehnen uns danach, die Morgendämmerung des Goldenen

Zeitalters zu sehen. Die Schönheit des spirituellen Pfades besteht darin, dass wir einen Beitrag zur schnelleren Ankunft des Goldenen Zeitalters leisten, wenn wir uns darum bemühen, spirituell fortzuschreiten. Jeder hilft sozusagen mit, einen Teil des Königreiches des Himmels auf die Erde zu bringen. Dies ist eines der Ziele, wofür alle großen spirituellen Adepten so unermüdlich ihr ganzes Leben lang arbeiten. Sie beten darum, dass das Königreich des Himmels auf die Erde kommen möge, damit diese Welt ein Paradies der Glückseligkeit, des Friedens und der Liebe wird. Wenn jeder von uns die Liebe Gottes ausstrahlt und positive Tugenden entwickelt, dann ist jeder Einzelne von uns schon einer weniger, der den anderen auf diesem Planeten Schmerz und Leid zufügt. Wir sind auch ein Vorbild für alle, mit denen wir in Verbindung kommen. Jeder, der beginnt, spirituelle Werte zu entfalten, zählt zu denjenigen, die sich nach einem friedlichen, liebevollen und herzlichen Leben sehnen. Er wird seinerseits die vielen anderen, denen er begegnet, beeinflussen. Und allmählich werden die Menschen in der ganzen Welt gemeinsam auf der Straße der Liebe und des Friedens reisen.

Wenn wir selbstlos dienen, dehnt sich unser Herz von uns selbst auf unsere Familie, auf die Gemeinde, auf unser Land, auf die Welt und schließlich auf den gesamten Kosmos aus. Selbstloses Dienen entspringt dem Verständnis, dass wir alle einer großen Familie Gottes angehören. Wahres selbstloses Dienen bedeutet mehr, als nur unserer eigenen leiblichen Familie zu helfen; es umfasst die gesamte Menschheit. Es ist eine edle Eigenschaft, Gefühle der Liebe für alle zu haben, sowohl für diejenigen, die wir kennen, als auch für die Fremden. Eines der Ziele der Spiritualität besteht darin, der ganzen Menschheit zu helfen, Liebe für alle und selbstlosen Dienst an allen zu entwickeln.

Wer von sich selbst gibt, leistet einen Beitrag zur Verbesserung der Lebensqualität auf diesem Planeten. Im Laufe der Zeiten haben manche unermüdlich gearbeitet, um Krankheiten zu heilen oder um Entdeckungen und Erfindungen zu machen, die das Leben angenehmer und sicherer gestalten. Andere haben ihr Leben für die Freiheit und die Rechte der anderen gegeben und wieder andere haben ihr Leben der spirituellen Entwicklung anderer Menschen gewidmet. Jeder von uns kann in seinem Bereich die ihm von Gott gegebenen Talente, das Wissen und die Fähigkeiten selbstlos einsetzen, um dazu beizutragen, dass unsere Welt zu einem besseren Ort für alles Leben wird.

Übung

Notiere Gelegenheiten, die sich dir bieten, bei denen du anderen physisch, intellektuell, finanziell und spirituell selbstlos dienen kannst. Beobachte, wie du in diesen Situationen reagierst.

Beginne, täglich etwas Zeit für selbstloses Dienen einzusetzen. Suche nach Möglichkeiten, diese Zeit auszudehnen. Beobachte die Auswirkungen auf dein Leben.

Teil III

Äußerer Friede

16. Eine Welt der Einheit und des Friedens

Betrachten wir irgendein Objekt in der Natur oder einen Gegenstand, der durch Menschenhand hergestellt wurde, werden wir darin Schönheit, Symmetrie und Ganzheit entdecken. Wenn nun ein Objekt zerbricht und in die einzelnen Teile zerfällt, sind wir aufgebracht. Wir wollen es wieder herstellen oder wieder zusammenfügen. Wenn etwas, das wir bewundern, in Brüche geht, ist der Frieden gestört und wir verlieren unsere Gemütsruhe. Wir können feststellen, dass wir in uns eine natürliche Neigung zu Einheit und Ganzheitlichkeit haben. Dies bezieht sich nicht nur auf Objekte, sondern auch auf menschliche Beziehungen. Wir sehnen uns nach Frieden in unserer Familie, unter unseren Freunden, im Sportverein und innerhalb unserer Gemeinde und unseres Landes. Wenn eine Mutter ihr Kind in den Armen hält, verspürt sie sehr viel Liebe und Zufriedenheit. Wenn ein Liebender bei seiner Geliebten ist, empfindet er ebenfalls sehr viel Liebe und Freude. Wenn sich zwei Freunde treffen, verstehen sie sich von Herzen gut und haben ein Gefühl der Zusammengehörigkeit. Wenn diese Einheit fehlt, entsteht ein Gefühl der Uneinigkeit, der Disharmonie.

Unsere grundlegende Einheit

Einheit ist ein Zustand, der der gesamten Schöpfung Gottes zugrunde liegt. Der Frieden, den wir in dieser Einheit empfinden, ist eine Widerspiegelung unseres wahren Seinszustandes – ein Zustand, wo alles eins ist. Die ursprüngliche Einheit ist Gott selbst. Viele Schriften beziehen sich auf den Zustand, bevor die Schöpfung ins Sein kam. Sie stimmen darin überein, dass es am Anfang nur Gott gab.

Im Rig Veda steht geschrieben:

Am Anfang war Prajapati, Brahman,
bei ihm war das Wort,
und das Wort war wahrlich der Höchste Brahman.

In der Bibel heißt es:

Im Anfang war das Wort und das Wort war bei Gott,
und Gott war das Wort. Dieses war im Anfang bei Gott.
Alle Dinge sind durch dasselbe gemacht,
und ohne das Wort ist nichts gemacht, was gemacht ist.
In ihm war das Leben,
und das Leben war das Licht des Menschen.

Es gab keine Teilung, keine Trennung, keine Dualität. Gott war ein
formloser Ozean aller Bewusstheit, aller Glückseligkeit und allen
Lichts. Es gab keine Kaste, keine Religion, keine Nationalität. Erst
als sich Gott entschloss, sich selbst zum Ausdruck und die Schöpfung ins Sein zu bringen, wurde aus dieser Einheit Dualität. Was
eins war, wurde zu vielen. Die heiligen Schriften beziehen sich
auf diesen ursprünglichen Impuls; sie beschreiben, dass sich Gott
beim Vorgang der Schöpfung in zwei ursprünglichen Manifestationen zum Ausdruck brachte: durch Licht und durch Klang. Im
Rahmen Seines göttlichen schöpferischen Plans wurden Teile
von Ihm getrennt und ausgesandt, um diese Welten zu bewohnen. Diese kleinen Teile Seines Wesens nannte man Seelen. Sie
enthielten alle Eigenschaften Gottes: Bewusstheit, Glückseligkeit
und Licht. Als sie in die verschiedenen Welten gesandt wurden,
erhielten sie Hüllen oder Körper, die genau der Beschaffenheit der
Ebene, in der sie wohnten, entsprachen. In den rein spirituellen
Bereichen waren sie reiner Geist. Als sie in die materiellen Regionen herabstiegen, wurden sie von Schichten aus derselben Materie umhüllt. So bewohnen sie z. B. in dieser physischen Ebene den
physischen Körper. Im Verlauf der Jahre hat sich aber unsere Seele
mit dem Körper und der Ebene, die sie bewohnt, identifiziert. Sie
hat unglücklicherweise ihr wahres Wesen als Seele vergessen.

Wenn wir diese Welt von einem höheren Standpunkt aus betrachteten, würden wir das Licht von Millionen Seelen sehen, die in der gesamten Welt erstrahlen. Wie Schaumblasen in einem Ozean treiben sie von einem Leben zum anderen, von einer Lebensart zu einer anderen. Alle Seelen, in ihrer wahren Perspektive betrachtet, sind vom selben Wesen. Sie sind alle ein Teil der göttlichen Bewusstheit, sie sind reines Licht und ihnen allen ist Glückseligkeit angeboren. Wenn wir jedoch den Zustand der Welt betrachten, sind wir entsetzt und schockiert über das Leid und den Schmerz, den jede Lebensform durchmacht. In der ganzen Welt gibt es Streit und Uneinigkeit. Länder führen gegeneinander Krieg. Viele Nationen sind in internationale Konflikte verwickelt. Religiöse Gruppen streiten miteinander. Auch innerhalb von Gemeinden ist Streit weit verbreitet. Sogar innerhalb der Familien finden wir Zwietracht und Disharmonie. Menschen töten die verschiedensten Lebensformen einschließlich anderer Menschen.

Wir wundern uns, wie Menschen, die dieselbe Göttlichkeit in sich tragen, so viel Leid und Unruhe verursachen können. Die Aufspaltung Gottes in so viele Seelen war eigentlich dazu bestimmt, die Glückseligkeit Gottes zu steigern. Wie ein Ehepaar Kinder bekommt – als Ausdruck gegenseitiger Liebe und Freude –, so erschuf Gott so viele Seelen, so viele Kinder. Dennoch ist das Ergebnis weit von der Absicht entfernt. Wir – wandelnde Bündel an Glückseligkeit und Allbewusstheit – kennen nur Schmerz und Qual.

Einheit wieder entdecken

Wenn wir unseren wahren Zustand wieder erlangen könnten, wenn wir erkennen könnten, dass wir Seele sind, würden wir dauernden Frieden und dauerndes Glück finden. Könnten wir tief in unser Inneres eindringen, über die äußere Gestalt dieses physischen Körpers und des Gemüts hinaus, würden wir die Quelle ewigen Friedens und dauernder Freude entdecken. Wir würden das Geheimnis lüften, das diesem Universum zugrunde liegt.

Betrachten wir unser tägliches Leben, fragen wir uns vielleicht, wie es möglich ist, unser wahres Selbst und Gott zu erkennen. So viele Jahre unseres Lebens sind bereits vergangen und wir haben diese Erkenntnis noch nicht erlangt. Wie in jedem anderen Lernbereich brauchen wir die richtige Ausbildung, einen erfahrenen Lehrer und die richtige Technik. Das spirituelle Wissen über unsere Seele und Gott war zu allen Zeiten für jeden zugänglich. Es gibt viele Glückliche, die die Einheit und den Frieden in sich selbst entdecken. Nachdem sie ihr wahres Selbst und den Schöpfer erkannt haben, sind sie oft so bewegt, dass sie ihre Erfahrungen mit den Mitmenschen teilen. Die Glückseligkeit derer, die sich daran erfreuen, ist so groß, dass sie dies auch mit anderen teilen wollen. Solche mitfühlenden Seelen sind uns als Heilige, Mystiker, Propheten oder spirituelle Lehrer bekannt. Es ist ihr Wunsch, das Leid in dieser Welt zu beseitigen, das durch die Unwissenheit über unsere wahre Natur entstanden ist.

Sie alle wandten eine Methode der inneren Einkehr, der Inversion, an, um ihr wahres Selbst zu entdecken. Die verschiedenen Schriften bezeichnen diese Techniken als Gebet, Kontemplation, Gottesverehrung oder Meditation. Welchen Namen man auch immer verwendet, der Vorgang ist stets derselbe. Wir müssen unsere Aufmerksamkeit in uns konzentrieren. Als große Heilige und Mystiker in diese Welt kamen, lehrten sie ihre Schüler diese Technik. Doch nachdem sie die Welt verlassen hatten, gingen ihre ursprünglichen Anweisungen, die normalerweise mündlich und geheim an ihre Schüler weitergegeben wurden, leider verloren. So blieben uns nur die äußeren Riten und Rituale, die wir in unsere Kirchen, Tempeln und anderen Stätten der Gottesverehrung ausüben. Wir sind sehr begünstigt, dass wir in unserem modernen Zeitalter Zugang zu Meditationsanweisungen haben. Diese Anweisungen stehen der ganzen Menschheit offen und Hunderttausende haben das bereits genutzt. Durch Meditation können wir in die Quelle der Glückseligkeit, des Lichts und der

Freude im Inneren eintauchen und unseren ursprünglichen Zustand der Einheit mit Gott wiedererlangen.

Einheit mit Gott

Es ist schwierig, mit den Begrenzungen der menschlichen Sprache die absolute Ekstase zu beschreiben, die man erfährt, wenn man wieder mit Gott eins wird. Frieden, Glück und Harmonie erfüllen unser ganzes Sein. Die Seele erfährt ihre höchste Erfüllung und lebt für immer in Freude und Glück. Der einzige Vergleich, der uns einen Einblick in diesen berauschenden Zustand vermittelt, ist das Glück von Eltern, die ihr Kind in den Armen halten, oder die eheliche Vereinigung von Braut und Bräutigam. Doch selbst dies sind nur blasse Vergleiche mit der Glückseligkeit, die die Seele erfährt, wenn sie in den Schoß Gottes zurückkehrt.

Eine große Erkenntnis dämmert in der Seele auf, wenn sie Einheit mit Gott erlangt. Wir erkennen uns selbst als Seele, die mit der Überseele eins geworden ist. Wir beginnen, das Licht der Seele in allen Wesen zu sehen. Unsere spirituelle Sicht ist vollkommen, und unsere Seele erkennt alles Leben als Teil Gottes. Sie erkennt, dass jede Seele in der Schöpfung ein Kind Gottes und gleichzeitig ihr eigener Bruder bzw. ihre eigene Schwester ist. In solch einer Seele entsteht Liebe für die gesamte Schöpfung. Wenn sie einen anderen Menschen, ein Tier oder eine Pflanze betrachtet, sieht sie in ihnen das Licht Gottes erstrahlen. Wie wir ganz natürlich Liebe für unsere Familienmitglieder verspüren, beginnen wir, die ganze Schöpfung mit derselben Liebe zu lieben.

Wie man menschliche Einheit erlangt

Viele edelmütige Seelen rufen zu menschlicher Einheit auf. Dieser Trend lässt sich besonders in den letzten Jahrzehnten feststellen. Doch obwohl es immer mehr solcher Bewegungen gibt,

171

finden wir noch immer Konflikte und Zwietracht in der Welt. Den Reden und Konferenzen liegen oft hohe Ideale zugrunde. Sie inspirieren die Zuhörer, ihre Aufmerksamkeit auf das Ziel der Einheit zu lenken. Doch Einheit kommt nur auf persönlicher Ebene zustande, wenn sie jeder für sich selbst erfährt. Werden wir mit Gott eins und sehen das Licht Gottes in allen Lebewesen, haben wir wirklich Einheit erreicht. Dann wird es für uns leicht sein, alle zu lieben, weil wir uns selbst in allen anderen erkennen. Wollen wir wirklich menschliche Einheit erlangen, müssen wir sie zuerst selbst erfahren.

Denkt nur, wie schön diese Welt wäre, wenn jeder das Licht Gottes in allen anderen Geschöpfen sähe! Wir könnten dann ausrufen, wie es Sant Darshan Singh in einem seiner wundervollen Verse tat:

Die ganze Schöpfung lernt' ich
innig lieben.
Deine Botschaft der Liebe ist
mir wahrer Sinn des Lebens.

Wir hätten eine Atmosphäre des Friedens und der Liebe: Wir würden sanftmütig sprechen, zärtlich handeln und Liebe würde aus unseren Augen strahlen. Alle in unserem Umfeld würden diese Heiterkeit und Freude spüren. Wenn jemand das Glück hatte und bei einem großen spirituellen Lehrers sein konnte, wird er dort unermessliche Liebe und Frieden erfahren haben. Jedes Mal, wenn wir mit sorgenvollem Herzen zu einem spirituellen Adepten gehen, bemerken wir, dass unser Schmerz und unsere Last erleichtert wurden. Sie sprechen so liebevoll mit uns; sie umarmen uns liebevoll und sorgen sich aus der Tiefe ihres Herzens und ihrer Seele um uns. Die Welt und ihre Schwierigkeiten verschwinden, wenn wir in ihrer Gegenwart sind. Wir haben das Gefühl, in Augenblicken der Ewigkeit zu leben. Die Zeit steht still und unsere Probleme vergehen. Dies ist das Ergebnis der Gemeinschaft mit jemandem, der mit Gott eins geworden ist, und der die gesamte Schöpfung als Teil einer einzigen großen Familie liebt. Was er erreicht hat, ist auch jedem von uns möglich. Wäre es nicht wundervoll, wenn diese Liebe und Harmonie von allen Menschen, denen wir begegnen, ausstrahlt?

Die Welt sollte ein Garten Eden und ein Hafen der Glückseligkeit sein. Um solch ein Paradies auf Erden zu erlangen, muss jeder Einzelne seinen Beitrag leisten. Frieden und Einheit beginnen bei jedem von uns. Wir können nicht erwarten, dass andere Harmonie und Einheit ausstrahlen, wenn wir selbst nicht bereit sind, diese Eigenschaften in unserem Leben zu entfalten. Jeder von uns muss seinen kleinen Teil zur Erfüllung dieses edlen Traumes beitragen. Wir können diesen Zustand durch den Vorgang der Meditation erlangen, der zu Selbsterkenntnis und Gotterkenntnis führt.

Wenn wir anfangen, alle zu lieben, beginnen wir, uns im Inneren zu wandeln. Unser ganzes Verhalten gegenüber den anderen verändert sich. Wir werden in all unseren Handlungen gewaltlos. Wir entwickeln Verständnis und Mitgefühl für die Eigenheiten und Gewohnheiten der anderen. Wir hören damit auf, andere in Gedanken zu kritisieren. Wir erkennen zunächst, dass sie durch die Hüllen der Unwissenheit und Illusion dieser Welt gebunden sind. Wir wissen, dass sich tief im Inneren der Menschen die Seele, ein Teil Gottes, befindet, und dass es nur ihr Gemüt und ihr Zustand der spirituellen Unwissenheit ist, der sie dazu veranlasst, sich so zu verhalten, wie sie es tun. Zweitens sind wir so in göttlicher Liebe und Glückseligkeit versunken, die unser ganzes Wesen durchdringt, dass wir in unserem berauschten Zustand durch kleinliche Gedanken an andere nicht gestört werden wollen. Wir sind so weit von Streitigkeiten entfernt, in die sich die anderen verstricken, dass wir sie gar nicht als solche erkennen. Andere in Gedanken zu kritisieren, zieht uns nur vom Glück weg, das die Einheit mit Gott mit sich bringt. Da unsere Gedanken von göttlicher Liebe erfüllt sind, haben wir nur liebevolle Worte. Wir sagen zu niemandem etwas, das nicht liebevoll wäre. Wer in unsere Nähe kommt, wird nur Worte der Liebe und Güte hören. Selbst wenn einmal einige schnippische Worte unseren Lippen entgleiten, werden wir den Schmerz fühlen, den wir anderen zufügen, und uns sofort entschuldigen, um die Situation zu bereinigen. Wir werden für die Herzen der anderen feinfühlig und wünschen niemandem Schlechtes. Schließlich werden wir niemals etwas unternehmen, um irgendjemanden körperlich zu verletzen. Wir werden gegen niemanden Gewalt ausüben. Wir werden selbst vor dem Leben der Tiere Achtung haben. Aus diesem Grund werden alle, die es mit dem Pfad zu Gott ernst meinen, zu Vegetariern. Sie wollen keiner anderen Kreatur das Leben nehmen, weil sie das Licht Gottes in allen erstrahlen sehen.

Ist diese Einheit einmal erreicht, werden die Schranken, die die Menschen entzweien, verschwinden. Sant Darshan Singh sagt in einem Vers:

Deine Zecher sind getrennt
von Tempel und Moschee.
Entfern' der Trennung Schranken,
o Mundschenk.

Einheit in der Vielfalt

Ob wir in einem Tempel oder in einer Moschee beten, wir alle werden – unabhängig von unserer Religion, in die wir hineingeboren wurden – erkennen, dass jeder nur zu einem Gott betet. Wir werden erkennen, dass Gott einer ist, ob wir ihn nun als Gott, Allah, Jehovah, Wahiguru, Paramatma, Überseele oder schöpferische Kraft des Universums bezeichnen. Wir werden in der Vielheit der Lebens Einheit sehen. Es wird uns nicht berühren, ob jemand Hindu oder Moslem, Sikh oder Jain, Christ oder Jude, Buddhist oder Parse ist. Wir werden das Licht Gottes in jedem Lebewesen erkennen, ob die äußere Hautfarbe schwarz, weiß oder braun ist. Wir wissen, dass Gott in jedem Menschen wohnt, mag er in Asien, Afrika, Australien, Nordamerika, Südamerika oder Europa geboren worden sein. Wir werden erkennen, dass sich dasselbe Licht Gottes in allen befindet. Wir werden die Unterschiede, die durch Traditionen und Kulturen entstanden sind, schätzen, aber dennoch erkennen, dass in allen Lebewesen Einheit besteht.

Durch Meditation können wir uns zu Botschaftern der Liebe und des Lichtes Gottes auf Erden verwandeln. Es gibt viele verschiedene Ziele, die die Menschen in ihrem Leben verfolgen. Doch das höchste Ziel, dem wir uns widmen können, ist menschliche Einheit. Der Pfad zur Einheit beginnt bei jedem von uns. Wir müssen zunächst selbst Einheit mit Gott erlangen. Dann wird menschliche Einheit zur natürlichen Begleiterscheinung werden. Wir werden den Duft der Einheit überall verbreiten, wohin wir auch gehen. Andere werden von unserem Beispiel inspiriert sein und beginnen, es uns gleichzumachen. Schritt für Schritt wird einer nach dem anderen erkennen, dass man wahres Glück und persönliche Erfüllung erreicht, wenn die Seele durch den Vorgang der Meditation Einheit mit Gott erlangt.

Auf diese Weise können wir Frieden und Einheit auf unserem Planeten zustande bringen. Wir haben bereits viel Zeit unseres Lebens damit verbracht, weltliche Ziele und Errungenschaften anzustreben. Wir können beurteilen, wie viel Glück wir tatsächlich erlangt haben. Wir können beurteilen, ob wir Leid, Schmerz und Schwierigkeiten aus unserem Leben entfernt haben. Betrachten wir den Zustand der Welt: Frieden und Einheit sind uns sicher, wenn wir Einheit unserer Seele mit Gott erlangen. Wenn wir das Gefühl haben, dass wir dieses Ziel in den noch verbleibenden Jahren unseres Lebens gerne verfolgen möchten, gibt es einen Weg, es in die Tat umzusetzen. Ich hoffe und bete, dass jeder inneren Frieden und Einheit findet und dies in der Welt verbreiten kann. Wir schulden den großen spirituellen Lehrern unsere Dankbarkeit, die uns die Mittel und die Technik gegeben haben, dieses Ziel zu erreichen. Nutzen wir diese goldene Gelegenheit, denn wir werden nicht nur uns selbst und unseren Lieben helfen, sondern die ganze Welt in eine Welt des Friedens und der Einheit verwandeln.

Sant Darshan Singh betete in einem seiner Verse:

Das Band der Bruderschaft binde
*   uns alle zusammen.*
Das ganze Universum ruhe in Frieden
*   unter Deinen schützenden Schwingen.*

Übung

Untersuche deine Einstellung zu menschlicher Einheit. Versuche, alle Anzeichen von
Vorurteilen oder Benachteiligung gegenüber
Menschen anderer Nationen, Religionen oder
sozialen Klassen in dir zu ergründen.

Denk an Menschen oder Gruppen, gegen die du Vorurteile
hast. Erkenne dasselbe Licht Gottes, das sich auch in dir befindet,
in ihnen. Übe, das Licht in den anderen zu sehen. Beobachte die
Auswirkungen dieser neuen Denkweise auf dein Leben.

17. Ökologie der Seele

In den vergangenen vier Jahrzehnten erlebte die Welt einen größeren wissenschaftlichen und technischen Fortschritt, als in der gesamten Geschichte davor. Die Wissenschaftler entdeckten viele Naturgesetze. Und je mehr sie die Geheimnisse der Natur kennen, desto mehr staunen sie über die Vollkommenheit des Universums. Viele von ihnen sind heute der Meinung, dass das Universum nicht zufällig entstanden sein kann, sondern vielmehr nach dem Plan einer höheren Macht.

In der Natur herrscht vollkommenes Gleichgewicht. Unsere Welt, unsere Umgebung und die Natur selbst bilden ein lebendiges, ineinandergreifendes System. Von der richtigen Perspektive aus betrachtet, gibt es keine Trennung oder Dualität. Das Leben selbst scheint eine einzige Einheit zu sein, ein lebendiges, bewusstes Sein. Es wurde von den Händen des Schöpfers geschaffen und durch seinen Lebenshauch belebt.

Das perfekte Gleichgewicht der Natur, das das Leben auf unserem Planeten während Millionen von Jahren erhalten hat, wird heute genau durch die Technologie, die diese moderne Welt ermöglicht hat, gefährdet. Jeden Tag berichten die Medien über neue Bedrohungen der Umwelt. Die Luft, die wir atmen, das Wasser, das wir trinken, und das Land, von dem wir unsere Nahrung erhalten, werden zunehmend verunreinigt. Selbst die Atmosphäre, die die Erde schützt, ist bedroht. Die Sorge um das ökologische System unseres Planeten ist nicht nur auf irgendein Land oder auf einen Teil der Welt beschränkt. Wir stehen einem globalen Problem gegenüber.

Das ökologische Problem wurde zum Hauptproblem dieser Welt. Betrachten wir die Etymologie des Wortes »Ökologie«, so stoßen wir auf seine griechische Wurzel. Das griechische Wort oikos bedeutet »Haus« oder »Wohnort«. Die Silbe »-logie« heißt »Lehre«. So bedeutet Ökologie im ursprünglichen Sinne »Lehre von unserem Haus oder Wohnort«. Wenn wir heute den Begriff »Lehre von unserem Haus oder Wohnort« betrachten, fällt uns dazu die Erde oder Mutter Natur ein und wir können dieses Studium in vier Bereiche unterteilen:

1. den Kreislauf der Natur verstehen,
2. sich der Wirkung der Verschmutzung bewusst werden,
3. zu lernen, wie die Natur in ihrer ursprünglichen Schönheit wiederhergestellt werden kann, und
4. praktische Methoden umzusetzen, um die Natur künftig rein zu halten.

Wir können diese vier Bereiche folgendermaßen bezeichnen: Kreislauf der Natur, Verschmutzung, Wiederherstellung und künftige Erhaltung bzw. Vorsorge.

Aber es gibt auch noch eine andere Möglichkeit, das Wort Ökologie zu verstehen. Heilige und Mystiker meinen mit Haus oder Wohnort unseren physischen Körper, den Gott selbst erschaffen hat. Der Bewohner dieses Hauses ist die Seele. Die Schriften sprechen von der Verantwortung, die wir haben, die Reinheit der Seele und ihrer Behausung zu erhalten. Leider ignorieren wir unsere spirituelle Seite oft weitgehend und opfern die Reinheit unserer Seele einer vergänglichen Welt.

Ich möchte mich nun mit der Ökologie der Seele befassen. Die bereits erwähnten vier Bereiche sind auf die innere und die äußere Ökologie anwendbar. Es gibt grundlegende Gesetze und Kreisläufe, die sowohl für den Geist als auch für die Natur gelten. Uns kann die Wirkung der inneren Verschmutzung ebenso bewusst werden wie die Wirkung der Verschmutzung unserer Umwelt. Wir können lernen, wie wir die ursprüngliche Schönheit der Natur und von unserem Selbst wiederherstellen können. Und wir können Methoden anwenden, um unsere spirituelle Reinheit zu erhalten.

Alles Leben ist miteinander verwoben. Fundamentale Gesetze und Kreisläufe liegen aller Existenz zugrunde. Der Wasserkreislauf in der Natur ist ein Beispiel vollkommener wechselseitiger Abhängigkeit: Das Wasser der Meere verdunstet und wird zu

Wasserdampf. Dabei werden Verunreinigungen und Mineralien zurückgelassen. Aus dem Wasserdampf werden Wolken, die über das Land treiben. Treffen die Wolken auf kühle Luft, so kondensiert das Wasser zu Tropfen und diese fallen als Regen oder Schnee herab, der das Leben nährt. So bringt dieser Kreislauf dem Land seit undenklichen Zeiten Wasser aus den Meeren, Tier und Mensch haben frisches Trinkwasser und die Pflanzen können wachsen und gedeihen.

Trotz unseres Fortschritts haben wir keine Technologie entwickelt, um die Methode nachzuahmen, mit der die grünen Pflanzen Sonnenlicht, Kohlendioxyd und Wasser in Nahrung und Sauerstoff umwandeln. Dieser einfache Prozess ermöglicht es, dass die Erde stets einen frischen Vorrat an Sauerstoff hat, den alles Leben braucht. Gleichzeitig ist dadurch ein unerschöpflicher Vorrat an Nahrung vorhanden. Die Natur arbeitet nach einem vollkommenen Plan. Sogar der Tod bringt Leben hervor. Wenn Pflanzen und Tiere sterben, versorgen ihre verwesenden Überreste die Felder mit wichtigen Mineralien. Nach Jahrmillionen wird die zersetzte Materie zu Energie spendendem, fossilem Brennstoff.

Das ökologische System, das Gott auf unserer Erde schuf, ist so einzigartig, dass unser Planet der einzig bewohnbare in unserem Sonnensystem ist.

So wie es Kreisläufe in der Natur gibt, wie den Wasserkreislauf, den Pflanzenkreislauf oder den fossilen Brennstoffkreislauf, so gibt es auch einen Kreislauf der Seele. Die Wanderung der Seele begann mit der Erschaffung der Universen und die Seele ist seither immer in Bewegung.

Nach der Überlieferung der Schriften war Gott am Anfang ganz allein. Er war ein Ozean glückseliger Bewusstheit. Doch dann beschloss Er, aus einem viele zu werden. Dieser Gedanke setzte eine Schwingung frei, die sich in zweifacher Weise manifestierte: in Licht und Klang. Alle Schriften sprechen von diesem Licht und diesem Klang, verwenden aber unterschiedliche Begriffe dafür. In den Hindu-Schriften wird es *Naad*, *Jyoti* oder

Sruti genannt, in den buddhistischen Schriften *Tönendes Licht*. Die alten Chinesen bezeichnen es als *Tao* und die Griechen als *Logos*. In der Bibel heißt es *das Wort*: »Am Anfang war das Wort, und das Wort war bei Gott, und Gott war das Wort.« (Joh.1,1) Die Moslems nennen es *Kalma* oder *Kalam-e-qadim*, die Sufis *Bang-e-Asmani* oder *Saut-i-Sarmadi*, bei den Sikhs ist von *Naam* oder *Shabd* die Rede und die Theosophen nennen es die *Stimme der Stille*. Dieses Wort oder Naam war die Kraft, mit der sich Gott zum Ausdruck brachte. Sie erschuf verschiedene Seinsebenen, von der rein geistigen Region Sach Khand, über die geistig-materiellen Regionen der suprakausalen Ebene, der kausalen Ebene und der astralen Ebene, bis hin zum materiellen Bereich dieses physischen Universums. Sie erschuf auch den Menschen und alle anderen Lebensformen. Diese kreative Kraft ist es auch, die das Universum in vollkommener Symmetrie und Harmonie erhält, die Planeten auf ihrer Umlaufbahn und all die Sterne am Himmel.

Die Seele ist ein Funken dieses kreativen Prinzips. Sie ist die belebende Kraft in uns, denn solange die Seele den Körper bewohnt, ist er am Leben. Verlässt sie ihn, so stirbt der Mensch. Als Gott das Universum erschuf, trennte Er Seelen von sich ab, um die Welten zu bevölkern. So begann der Kreislauf der Seele. Seit Äonen befindet sich die Seele auf den verschiedenen Ebenen der Schöpfung und nimmt in der einen oder anderen Lebensform Gestalt an. Ist eine Seinsform zu Ende, so nimmt die Seele eine andere an. Wie eine Pflanze im Winter abstirbt, um im Frühling wieder auszutreiben, so begibt sich die Seele auf die Seelenwanderung. Wenn ein Leben zu Ende ist, beginnt sie ein neues in einer neuen Form. Nichts geht in der Natur verloren. Die Seele, ein Funke des unsterblichen Gottes, stirbt niemals. Sie wandert nur von einem Leben zum anderen.

Als Gott die Seelen von sich trennte, sorgte Er auch dafür, dass sie wieder zu Ihm zurückkehren können. Dieser Weg zurück zu Ihm geht über den Licht- und Klangstrom von Naam oder dem Wort. Doch der Schöpfungsplan bestimmt, dass sich die Seele ihrer vergangenen Leben nicht bewusst ist, bis sie sich spirituell entwickelt hat. Könnten wir uns an alle früheren Leben erinnern, so wäre unser jetziges Leben durch die Erinnerungen an frühere Bindungen so kompliziert, dass es sehr schwierig wäre, mit unseren gegenwärtigen Verwandten und Bekannten zu leben. Wir würden nach unseren Eltern, Ehepartnern und Kindern aus früheren Leben suchen. Aber so ist jede Seele, wenn sie ein neues Leben beginnt, von einer Wolke des Vergessens umgeben. Die Seele hat aber auch ihre wahre Natur, die vom Wesen Gottes ist, völlig vergessen. In den aufeinanderfolgenden Leben identifiziert sie sich in ihrer Unwissenheit mit dem Gemüt und dem Körper, und anstatt ihren Weg zurück zu ihrem Ursprung zu suchen, gibt sie sich den Verlockungen dieser Welt hin.

Das Wissen um unser wahres Selbst liegt in den Tiefen unserer innersten Seele verborgen. Wie ein Diamant tief unter der Erde liegt oder wie die Erdölvorräte tief unter der Erdoberfläche sind, so liegt unsere größte Kostbarkeit, die Seele, unter den Schichten von Gemüt, Materie und Täuschung begraben. Um unsere größten Ressourcen zu entdecken, müssen wir sie während unserer jetzigen Lebensspanne finden.

Verschmutzung

Der nächste Aspekt der inneren und äußeren Ökologie ist die Verschmutzung. Wie Luft und Wasser hat auch die Seele ihre eigene angeborene Schönheit und Reinheit. Sie ist vom selben Wesen wie Gott. Ein Heiliger sagte einmal: »Gott ist Liebe, und die Seele, die vom gleichen Wesen ist wie Gott, ist auch Liebe, und der Weg zurück zu Gott geht ebenfalls über die Liebe«.

Während Jahrmillionen hatte unsere Erde reine Luft und frisches fließendes Wasser. Doch durch unsere Ausbeutung des Planeten sind diese natürlichen Ressourcen jetzt verunreinigt. Wir haben unsere Luft, unser Wasser und unseren Boden verschmutzt und zerstören nun sogar die Ozonschicht der Erde, ihre

Wälder und ihre Tiere. Auf ähnliche Weise hat unser unstillbarer Hunger nach Sinnesbefriedigung die natürliche Reinheit unserer Seele verschmutzt.

Viele von uns glauben, der Sitz unserer Intelligenz sei das Gehirn. Doch das Gehirn ist nur ein Werkzeug, gleich einem komplizierten Computer, durch das die Seele mit der Umwelt in Verbindung steht und Eindrücke aus der äußeren Welt erhält.

Es ist die Seele, die hinter der Maschinerie von Gemüt und Körper wirkt. Die Seele sollte Gemüt und Körper kontrollieren, doch leider ist es umgekehrt: Die Seele wird vom Gemüt beherrscht und ist von den vielfältigen Eindrücken der Welt völlig gefangen.

Bilder, Klänge, Gerüche, Geschmack – das ganze Ränkespiel der Empfindungen dieser Welt zieht unsere Aufmerksamkeit an, die der äußere Ausdruck der Seele ist. Als Ergebnis davon wird unsere Aufmerksamkeit durch die neun Tore des Körpers nach außen gezogen, durch die beiden Augen, die beiden Ohren, die beiden Nasenlöcher, den Mund und die beiden unteren Öffnungen. Das Gemüt liebt das Vergnügen und zieht unser Bewusstsein in die physische Welt, so dass wir unser wahres Selbst vergessen.

Wir verbringen unser Leben gefangen in sinnlichen und weltlichen Freuden. Wir sind sogar so weit gekommen zu glauben, der Sinn unseres Lebens liege darin, weltliche und materielle Gaben wie Reichtum, Besitz, Beziehungen, Ansehen, Ruhm oder Macht anzuhäufen. Wir vergessen, dass wir davon nichts mitnehmen können, wenn wir diese Welt einmal verlassen. Solche Dinge sind ebenso Täuschung wie eine Fata Morgana in der Wüste. Wir gehen von dieser Welt, wie wir gekommen sind, als Seele, frei von jeglichem materiellen Besitz.

Für viele kommt diese Erkenntnis jedoch zu spät. Weltliche Wünsche und sinnliche Vergnügen setzen sich wie Staub auf der reinen Seele ab. Nach Äonen des Kommens und Gehens in der Welt ist unsere Seele vom Schmutz weltlicher Eindrücke so bedeckt, dass wir sie nicht mehr erkennen können. Doch es gibt einige glückliche Seelen, die ein Erwachen im Leben erfahren.

Diese Seelen kommen, um die spirituelle Bedeutung des Daseins zu erkennen. Sie werden von einer angeborenen Sehnsucht nach Unsterblichkeit dazu getrieben, das Geheimnis des Lebens und Todes zu lösen. Wenn sich in uns einmal die Frage regt, wer wir sind, weshalb wir hier sind und wohin wir nach diesem Leben gehen, dann wird in uns ein spiritueller Funke entzündet. Wir finden keine Ruhe, bis wir die Antwort darauf gefunden haben. Ein aufrichtiger Ruf kommt tief aus dem Herzen und wir beten zum Herrn um Hilfe und Führung.

Wiederherstellung der Schönheit der Seele

Der dritte Aspekt ist die Wiederherstellung der Schönheit unserer Seele. Die Ökologen, die sich darum bemühen, unsere verschmutzte Luft und unser verschmutztes Wasser zu reinigen, und die die Tiere befreien, die im Schmutz der Ölteppiche gefangen sind, sind die Umwelthelden unserer Zeit. Aber es gibt in unserer Zeit auch Ökologen der Seele. Diese Menschen haben die ursprüngliche Schönheit der Seele erkannt und wissen um den Schmutz, der die Seelen bedeckt. Auch sie wirken beständig, um diejenigen zu finden und zu befreien, die in den weltlichen Wünschen gefangen sind.

Die göttlichen Ökologen sind die Heiligen, Mystiker, Propheten, Meister oder spirituellen Lehrer, die Jahrtausende hindurch auf diese Erde kamen. Sie selbst sind rein und frei von allen Verschmutzungen der Seele. Sie sind in der Lage, auch andere zu befreien. Sie haben ihre Seele bereits von den Begrenzungen des physischen Körpers befreit und sind mit dem reinen göttlichen Strom, der zurück zu Gott führt, in die höheren Ebenen aufgestiegen.

Ein spiritueller Meister oder Lehrer kann das Rufen einer Seele hören, die sich danach sehnt, wieder befreit zu werden. Er kann uns unsere wahre Natur zeigen und lehrt uns, uns selbst zu erkennen, sodass wir unsere Seele vom Schmutz des Gemüts, der

Materie und der Täuschung wieder befreien können. Dazu gibt er uns eine spirituelle Initiation oder Einweihung und lehrt uns eine bestimmte Methode der Meditation.

Die natürliche Schönheit der Seele erhalten

Der vierte Aspekt der inneren und der äußeren Ökologie ist die Erhaltung der natürlichen Schönheit der Seele. Haben wir erst einmal eine direkte Erfahrung vom inneren Licht und Klang, erkennen wir, dass wir nicht Körper sind, sondern Seele. Wir erkennen, dass in uns eine höhere Wirklichkeit ist. Das ist der Anfang unserer Reise in unsere wahre Heimat.

Der spirituelle Lehrer oder Meister lehrt uns Methoden, die uns helfen können, den Schmutz von Jahrtausenden wieder zu entfernen. Zwei Dinge helfen dabei, uns schneller zu reinigen: das reinigende Wasser von Naam oder dem Wort, dem Licht und Klang in uns, und als zweites ein ethisches Leben.

Wenn uns einmal die Methode der Meditation gelehrt wurde und wir eine Verbindung mit dem Licht und Klang Gottes erhalten haben, müssen wir die inneren Übungen täglich durchführen. Die Meister raten uns dringend, täglich eine bestimmte Zeit dafür zu verwenden, mit dem inneren Licht und Klang in Verbindung zu kommen. Je mehr Zeit wir uns dafür nehmen, desto mehr wird unsere Seele gereinigt und von den weltlichen Eindrücken reingewaschen.

Als zweiten hilfreichen Faktor lehren sie uns, ein ethisches Leben zu führen. Um auf unserer spirituellen Reise innen fortzuschreiten, müssen wir Ärger, Lust, Habsucht, Verhaftung und Ego überwinden. Dies sind die fünf Eigenschaften, durch die die Reinheit der Seele befleckt wird. Sie ziehen unsere Aufmerksamkeit in die Welt. Analysieren wir einmal diese fünf negativen Charakterzüge, so sehen wir, dass sie alle durch unsere Wünsche nach vergänglichen und weltlichen Freuden motiviert sind. So werden wir z. B. ärgerlich, wenn sich irgendetwas der Erfüllung unserer Wünsche in den Weg stellt. Lust wird durch den Wunsch verursacht, unsere Sinne zu befriedigen. Habsucht kommt aus dem unersättlichen Verlangen, Besitztümer, Reichtum, Macht, Ruhm oder Ansehen zu gewinnen. Erlangen wir etwas davon, hängen wir dann sehr daran und vergessen ganz die spirituellen Werte und unsere spirituelle Natur. Das Ego entsteht aus dem Stolz auf unsere vergänglichen Errungenschaften, wie auf Reichtum, Wissen oder Macht.

Um diese fünf negativen Eigenschaften zu überwinden, müssen wir Tag für Tag unsere Gedanken, Worte und Taten überdenken. Dadurch erhalten wir ein realistisches Bild vom Schmutz, der unsere Seele bedeckt, und können uns dazu entschließen, es am nächsten Tag besser zu machen.

Die Heiligen und Mystiker legen stets großen Wert auf ein ethisches Leben und betonen, dass ein ethisches Leben ein Sprungbrett zur Spiritualität ist. Sant Kirpal Singh sagte immer, es sei schwer, ein Mensch im wahrsten Sinne des Wortes zu werden, doch wenn wir dies einmal geschafft hätten, sei es leicht, Gott zu finden. Was von uns gefordert wird, ist nichts Geringeres als die vollkommene Transformation innerhalb dieses Lebens.

Wenn unser Planet mit seinem ineinandergreifenden ökologischen System überleben soll, müssen wir lernen, mit der ganzen Schöpfung in Harmonie zu leben. Meiner Meinung nach umfasst der Begriff Ökologie auch, dass wir uns nicht um andere kümmern, wenn wir unsere Umwelt verschmutzen. Wenn uns unsere Familie oder unser Nachbar etwas bedeutete, würden wir nichts tun, was die Umwelt verschmutzen und somit das Leben für unsere Mitmenschen erschweren würde. Das ganze ökologische Problem könnte gelöst werden, wenn wir Menschen endlich erkennen, dass jede Schöpfungsform auf Erden eine verkörperte Seele ist. Wenn uns klar würde, dass dieselbe Seele in allen Lebewesen ist, ob Pflanze oder Tier, und vom selben Ursprung, aus derselben Überseele, von Gott stammt, dann würden wir jedes Wesen hegen und lieben und das Licht Gottes in allem Lebenden sehen. Was bedeutet Liebe? Liebe bedeutet, sich wirklich um jemanden zu kümmern. Liebe bedeutet nicht nur körperliche Anziehung. Wirkliche göttliche Liebe, jemanden wirklich zu lieben, heißt, sich um ihn zu kümmern. Und sich um jemanden kümmern bedeutet, dass man dessen Leben nicht erschweren will. Wenn wir alle in der Welt damit beginnen, alle anderen als Brüder und Schwestern zu betrachten, als Geschöpfe vom gleichen Wesen wie Gott, dann würden wir nichts tun, was anderen schadet. Wir würden unser Leben so führen, dass wir die Umwelt, in der andere Menschen leben müssen, nicht verschmutzen.

Indem wir uns mit dem Licht und Klang Gottes verbinden, erkennen wir das Licht Gottes in allen Wesen und beginnen, an die Bruderschaft der Menschheit und an die Vaterschaft Gottes zu glauben. Wenn wir diesen Zustand erreicht haben, spiegelt sich dies in unserem Leben wider. Es hilft auch der Gesellschaft und dem Land, in dem wir leben, sowie der ganzen Welt.

Wir müssen also eine Form von Achtung für unsere Umwelt entwickeln, bei der wir auch die Ansprüche und Beiträge der geringsten Geschöpfe nicht ignorieren. Ökologen vermeiden einfühlsam jede Veränderung in der Umwelt, die in das Gleichgewicht der Natur störend eingreift. Wenn wir erst einmal begonnen haben, uns spirituell zu entwickeln, gehen auch wir rücksichtsvoll durch das Leben. Wir verletzen dann die Gefühle anderer nicht mehr und behandeln sie liebevoll und sanft. Wenn wir die positiven Tugenden entwickeln und weiterhin auf Licht und Klang meditieren, werden die Unvollkommenheiten und Verschmutzungen, die uns einhüllen, nach und nach abfallen und unsere ursprüngliche Schönheit wird wiederhergestellt.

Engagierte Umweltschützer betrachten es als ihre Pflicht, die natürliche Umwelt zu erhalten. Sie geben ihr Bestes, um mit der Natur in Harmonie zu leben. Ähnlich entwickeln diejenigen, die sich selbst und Gott erkennen, ein Gefühl der Verantwortung. Das Erlangen spiritueller Reichtümer ist von ungeahnter Tragweite. Man entwickelt eine tiefe Liebe für alle Geschöpfe und sieht die Hand Gottes selbst in jedem Grashalm. Die Achtung und Liebe für das Leben zeigt sich in selbstlosem Dienen und Helfen.

Wer Gott erkennt, verlässt die Welt nicht, um seine Zeit in einsamer Meditation zu verbringen. Er entwickelt stattdessen den angeborenen Wunsch, seinen Mitgeschöpfen und allem Leben zu dienen. Dies ist vielleicht für viele Menschen aus dem Westen eine Überraschung, weil sie glauben, Spiritualität verneine das Leben und sei nur etwas für Einsiedler oder Mönche. Eine solche Einstellung wird »negative Mystik« genannt. Die Wissenschaft der Spiritualität aber lehrt genau das Gegenteil. Sant Darshan Singh prägte den Begriff »positive Mystik«, um diesen Weg zu beschreiben. Positive Mystik aber bedeutet, dass wir, während wir uns spirituell entwickeln und unser spirituelles Ziel anstreben, unsere Pflichten gegenüber der Familie, der Gemeinschaft, dem Land und der Welt nach besten Kräften erfüllen. Es bedeutet auch, dass wir unseren Lebensunterhalt ehrlich verdienen, sodass wir uns und unsere Familie erhalten und anderen in Not helfen können. Wir bleiben in der Religion, in die wir hineingeboren wurden, doch wir leben nach ihrem eigentlichen Sinn, indem wir uns selbst und Gott erkennen. Wir ziehen unsere Kinder groß und achten darauf, dass sie die bestmögliche Ausbildung im Leben bekommen. Wir bemühen uns, von beiden Welten das Beste zu erhalten. Wir streben danach, in allem hervorragend zu sein, und während wir in dieser Welt leben und arbeiten, bleiben wir uns stets unseres spirituellen Ziels bewusst.

Bringen wir daher genügend Zeit für unsere spirituellen Übungen auf, damit wir unsere angeborene, von Gott geschenkte Schönheit wiedergewinnen! Wenn wir das erreichen, werden wir diese Schönheit auf alle, mit denen wir in Kontakt kommen, ausstrahlen. In der Tat werden wir dann alle lebenden Dinge und den Planeten Erde mit dieser Liebe erfüllen.

Wenn wir die ökologische Gesundheit unserer Seele wiederherstellen, reinigen und erheben wir damit die ganze Schöpfung. Dann wird die Welt in den Zustand göttlicher Glückseligkeit und Ekstase zurückkehren, für den sie eigentlich erschaffen wurde.

Lasst mich mit einigen Versen aus dem Gedicht »Das Rufen der Seele« schließen, das der große Meister Sant Darshan Singh geschrieben hat:

Wir sind nur Tropfen
aus derselben Quelle
göttlicher Schönheit.

Wir sind nur Wogen
auf dem großen Strom der Liebe.

Wir sind verschiedene Blüten
im Garten des Herrn,
Die sich versammelt haben
im selben Tal des Lichts.

Wir Erdbewohner gehören
zu einer Menschheit.
Es gibt nur einen Gott
und wir sind seine Kinder.

Übung

Mach dir klar, welche Ansichten über die Ökologie du hast. Versuche täglich etwas zu tun,
was die Ökologie fördert.

Denke über die Ökologie der Seele nach.
Was verschmutzt die Seele? Überlege dir, in-
dem du dieses Kapitel durcharbeitest, was du tun kannst, um es
zu verhindern.

18. Positive Mystik

In aller Welt suchen Menschen nach der Lösung des Mysteriums von Leben und Tod. Sie wollen herausfinden, was jenseits dieser physischen Welt liegt. Kongresse, aktuelle Bücher und Artikel in Zeitschriften zeigen, dass das Interesse an der Spiritualität ständig wächst. Immer mehr wollen lernen, wie man inneren Frieden durch spirituelle Erfahrungen erreichen kann.

Heutzutage ist es sehr schwer, einen goldenen Mittelweg für unsere spirituelle, intellektuelle und physische Entwicklung zu finden. Die Anforderungen des Lebens zwingen uns, mehr Gewicht auf unsere intellektuelle Entwicklung zu legen, denn das allein zählt bei unserer schulischen Laufbahn und auf der Suche nach einem guten Arbeitsplatz. Unser Körper ist uns wegen unserer Gesundheit wichtig. Wir legen großen Wert auf Fitnesstraining und Sport, um körperlich und geistig gesund zu bleiben. Viele Gesundheitsexperten betonen, dass körperliches Training auch den Stress verringert.

Die heutige Gesellschaft schätzt intellektuelle Fähigkeiten und deren Entwicklung so wie körperliche Fitness. Leider legt sie wenig Wert auf eine spirituelle Entwicklung. Durch unsere Erziehung bringen wir Spiritualität mit Riten und Ritualen unserer religiösen Institutionen in Verbindung. Wenn uns jemand sagt, er suche nach Gott, vergleichen wir ihn mit einem Mönch, der im Kloster auf einer Holzbank sitzt und Tag und Nacht betet. In der Vergangenheit war es üblich, Heim und Familie zu verlassen, um Gott in den Wäldern oder in der Wüste zu suchen. Aber das industrielle, technologische Zeitalter stellt solch hohe Anforderungen an die Menschheit, dass man sich heutzutage nicht mehr von der Welt zurückziehen kann, um sich spirituell zu entwickeln.

Die Herausforderung, die ich ansprechen will, ist: Wie können wir ein zeitgemäßes Leben führen und uns trotzdem spirituell entwickeln? Wie können wir auf gesellschaftlich vertretbare und sozial verantwortliche Weise nach Gott suchen? Wie können wir

spirituelle Höhen erreichen, ohne unsere intellektuelle und körperliche Entwicklung aufzugeben? Und wie können wir das in
Einklang mit unserem familiären und gesellschaftlichen Leben
bringen?

Viele im Westen unterliegen dem Irrtum, man müsse auf
der Suche nach Gott Familie und Gesellschaft verlassen und als
Einsiedler im Wald oder in einer Höhle in den Bergen leben.
Vielleicht war das in der Vergangenheit möglich, als das ökonomische System noch nicht so komplex war. Wer kann heute
für sich, geschweige denn für seine Familie, sorgen, ohne einen
Beruf zu haben und ohne einen Beitrag für die Gesellschaft zu
leisten?

Positive Mystik

Wir können im Einklang mit dem modernen Leben Selbsterkenntnis und Gotterkenntnis erreichen, ein produktives und
erfülltes Leben in der Welt führen und gleichzeitig auf das spirituelle Ziel hinarbeiten. Sant Darshan Singh nannte diese Methode »positive Mystik«. Im Gegensatz dazu verlangt die »negative
Mystik«, dass man die Welt aufgibt, um Gott zu finden. Der Pfad
der positiven Mystik befähigt uns, das Beste aus beiden Welten zu
erlangen. Das Konzept der positiven Mystik lässt uns verstehen,
wie wir spirituelles Wachstum erreichen können, während wir
gleichzeitig den Herausforderungen unserer Zeit gerecht werden.

Spirituelle Entwicklung ist ein Vorgang, bei dem wir Selbsterkenntnis und Gotterkenntnis erlangen. Wir haben einen physischen Körper, ein Gemüt und einen Intellekt. Durch spirituelle
Entwicklung erkennen wir, dass wir nicht der Körper oder das
Gemüt sind, sondern in Wirklichkeit Seele. Während unseres Lebens haben wir uns so sehr mit dem Körper und dem Gemüt
identifiziert, dass wir von uns aus nicht mehr in der Lage sind,
unser wahres Selbst von ihnen zu unterscheiden. Es ist daher

wichtig, einen spirituellen Lehrer zu finden, der uns dabei helfen kann, unser wahres Selbst zu erkennen. Die großen Lehrer der Antike ermahnten uns dazu mit den Worten: »Mensch, erkenne dich selbst!« Dieser Satz steht über dem Eingang des Orakels von Delphi.

Spirituelle Lehrer, die die Kunst der Selbsterkenntnis gemeistert haben, können andere lehren, wie man dieses Ziel erreichen kann. Wenn wir die verschiedenen Methoden betrachten, die im Laufe der Geschichte benutzt wurden, erkennen wir, dass der effektivste Weg, unser Selbst zu erkennen, die Meditation ist. Alle Heiligen, Seher und Mystiker sagten, dass Gott in uns ist. Sie erklären uns auch, dass die Seele ein Teil Gottes ist. Wenn wir unsere Aufmerksamkeit von der Welt außen nach innen richten, werden wir herausfinden, dass wir Seele sind, und wir werden Gott erkennen, der in uns ist. Wir erfahren uns selbst als Seele, getrennt vom Körper. Wir erfahren die Heiterkeit des Freiseins vom körperlichen Käfig und erheben uns wie ein Vogel in immer höhere Bereiche der Bewusstheit.

Es gibt keine Worte, um die Schönheit und den Zauber der höheren Ebenen zu beschreiben. Wir schauen solche Schönheit, die alle Träume dieser Welt übertrifft. Aber nichts kann verglichen werden mit der absoluten Glückseligkeit, die unsere Seele erfährt, wenn sie sich wieder mit ihrem Schöpfer vereint. Wenn unsere Seele ihr endgültiges Ziel erreicht, geht sie in ihrer Quelle auf. Gott ist der Ursprung aller Liebe, die Quelle aller Glückseligkeit. Wenn die Seele mit Ihm verschmilzt, werden die zwei wieder eins. Wir erreichen dann einen Zustand ewigen Glücks, ewiger Liebe. Das ist das höchste Ziel aller unserer Meditationen. Das Wunderbare an der Meditation ist, dass diese Erfahrungen für immer bei uns bleiben, denn nach der Meditation kehrt die Seele in den Körper zurück und bringt die Heiterkeit und die Glückseligkeit von ihrem Besuch im Jenseits mit.

Wir können nicht nur meditieren, wenn wir bequem zu Hause sitzen, sondern auch im fahrenden Zug, auf dem Weg in die Arbeit oder immer, wenn wir alleine sind. Es ist keine schwierige

Übung und sie erfordert keine komplizierten Stellungen. Wir können in jeder Haltung meditieren, die für uns bequem ist und in der wir eine Zeitlang verweilen können. Die Meditation auf das innere Licht und den inneren Klang ist so einfach, dass sie von einem Kind sowie von einer älteren Person, von Gesunden wie auch von Kranken ausgeübt werden kann.

Nachdem man eine entsprechende Haltung gefunden hat, schließt man die Augen, schaut nach innen und erfährt mit Hilfe eines spirituellen Lehrers das göttliche Licht und die Musik der Sphären. Wie man sieht, muss man dazu nicht in den Bergen oder im Dschungel sitzen. Man kann zu Hause und in seiner Gesellschaft bleiben.

Meditation und das heutige Leben

Wenn wir täglich ein oder zwei Stunden meditieren, werden wir dadurch großen Gewinn und Nutzen haben. Zuerst verbessert sich natürlich unsere Konzentration, denn durch Meditation lernen wir, uns besser zu konzentrieren. Das können wir in unserem täglichen Leben anwenden. Wir können unsere Konzentration einsetzen, um unsere intellektuellen Fähigkeiten weiter zu entwickeln. Wir werden über eine erhöhte Aufmerksamkeit verfügen, was uns hilft, mehr Information aufzunehmen und zu behalten. Während die meisten Menschen so zerstreut sind, dass sie von dem, was sie lesen und hören, nur einen Teil aufnehmen, hilft uns die Meditation dabei, mehr aufzunehmen und mehr zu behalten. Durch Meditation geht es uns auch körperlich besser, denn während wir meditieren, ist unser Körper entspannt. Wir sind frei von Stress und Anspannung. Die Mediziner haben den Einfluss von Stress auf unsere physische Gesundheit untersucht. Es gibt viele Krankheiten, die auf Stress zurückzuführen sind. Durch Meditation lassen Stress und Anspannung nach. Je mehr wir mit den inneren Bereichen in Verbindung kommen und die inneren Freuden erleben, desto mehr übertragen wir diese in unser tägliches Leben. Meditation hilft uns, viele unserer Probleme im Leben ruhiger und entspannter anzugehen. Wenn wir die jenseitigen Welten erlebt haben, wissen wir, dass die Probleme dieser vergänglichen Welt vorübergehend sind. Wir wissen von einer höheren Wahrheit und können die Schwierigkeiten dieser Welt von einer ganz anderen Perspektive aus betrachten. Während wir die Prüfungen und Kümmernisse des Lebens durchleben müssen, haben wir so viel innere Unterstützung und Kraft, dass wir deren erdrückende Auswirkungen nicht spüren.

Die erhöhte Konzentration und die bessere Kontrolle über Stress und Anspannung werden uns auch helfen, erfolgreich in unseren weltlichen Bereichen zu sein. Ein natürliches Ergebnis ist größere Effizienz und Produktivität am Arbeitsplatz. Ich persönlich habe erlebt, wie sich manche nach einigen Jahren Meditation plötzlich in Spitzenpositionen wiederfanden. Sie haben durch ihre verbesserte Konzentration sehr bald die anderen Angestellten übertroffen. Sie schufen in kürzerer Zeit mehr als diejenigen, die die Kunst der Konzentration nicht entwickelt haben.

Meditation hilft auch Studenten, beim Studium Hervorragendes zu leisten. Sie können sich länger konzentrieren und behalten mehr Wissen. Ich kenne viele junge Leute, die meditierten und schließlich Klassenbeste wurden. Wir alle wissen, dass ein guter Student eine bessere Ausgangsposition hat, wenn es um die besten Arbeitsplätze und um die Karriere geht.

Es gibt aber noch einen weiteren Aspekt der Meditation, der segensreich in unserem Leben ist. Wenn die Seele ins Jenseits reist und ihre Beziehung zu Gott begreift, hat sie eine große Erkenntnis. Sie sieht alle Lebewesen, ob Mensch, Tier oder Pflanze, als einen Teil Gottes. Sie sieht, dass in jedem Lebewesen eine Seele ist. Und wenn wir erst einmal erkennen, dass wir alle ein Teil von Ihm sind, beginnen wir, das Licht Gottes in jedem zu erblicken. Wir betrachten alle Lebewesen als Kinder des einen Vaters. Dies ist eine tiefgreifende Erkenntnis, die in unserem Leben grundlegende Veränderungen bewirkt. Wir entwickeln Liebe für alle Menschen und für jede lebende Kreatur. Wir beginnen, alle Menschen gleichermaßen zu lieben und als Mitglied unserer Familie zu betrachten. Wir entwickeln Toleranz und Geduld gegenüber allen Mitmenschen. Wir entwickeln die edlen Eigenschaften der Barmherzigkeit und des Verstehens und möchten anderen in ihrer Not helfen. Eine große Verwandlung geht in uns vor sich und wir strahlen Liebe und Mitgefühl für alle Mitmenschen aus.

Je mehr wir unsere Meditationen vervollkommnen, desto mehr kommen wir mit der Quelle der Liebe in uns in Verbindung und desto mehr lieben wir und werden von anderen geliebt. Wir werden erkennen, dass uns etwas, was uns vorher aus der Fassung brachte, von jetzt an nicht mehr beeinflusst. Frieden und Harmonie werden in unser Herz und unser Heim einkehren, unsere Familie und unser Leben sind dann friedvoll und glücklich.

Der größte Segen der Meditation ist, dass wir nicht nur Frieden im eigenen Haus schaffen, sondern auch zum Frieden in der Welt beitragen. In der ganzen Welt beten die Menschen um Frieden, aber wie man sagt, beginnt die Nächstenliebe zu Hause. Der Weltfrieden kann nur dann Wirklichkeit werden, wenn jeder von uns in seiner eigenen Umgebung Frieden schafft. Wenn wir Frieden in unseren eigenen persönlichen Bereich bringen, wird er auf andere ausstrahlen und wir werden zum Weltfrieden beitragen.

Positiver Beitrag zur Gesellschaft

Der spirituelle Weg ist ein aktiver Weg. Wir werden so mehr zur Verbesserung unserer Welt beitragen. Positive Mystik bedeutet, dass wir, während wir unseren spirituellen Fortschritt anstreben, gleichzeitig einen positiven Beitrag für unsere Familie, unsere Gesellschaft und für die ganze Welt leisten.

Zu unserem spirituellen Wachstum gehört die Entwicklung ethischer Tugenden. Wenn wir edel und tugendreich geworden sind, sind wir für andere eine Stütze der Kraft und der Inspiration. Indem wir meditieren und Liebe für alle entwickeln, verströmen wir einen göttlichen Duft, wo immer wir auch sind. Die Leiden anderer berühren uns und wir helfen schnell, wo es nötig ist. Wo wir auch arbeiten, wir werden ein Quell der Hilfe für alle Mitmenschen und versuchen, unsere Fähigkeiten zum Vorteil der gesamten Menschheit einzusetzen. Viele wissen, dass der gütige Meister Sant Darshan Singh die Kranken in den Krankenhäusern und zu Hause besucht hat, denn er half so vielen Menschen in Not: Er half den Opfern von Naturkatastrophen, half bei Hungersnot, Überschwemmung, Erdbeben, Vulkanausbrüchen und versorgte die Betroffenen mit Hilfsgütern, Medizin und Kleidung. Er selbst war ein lebendes Beispiel der positiven Mystik, und es gibt viel, was wir von diesem Beispiel lernen können.

Wenn wir ernsthaft daran interessiert sind, uns selbst zu erkennen, sind die Mittel dafür vorhanden. Wenn wir uns spirituell entwickeln, erweisen wir uns selbst den größten Dienst und werden eine positive Kraft im Leben unserer Familie, unserer Freunde, unserer Mitarbeiter und der ganzen Welt. Wir finden vollkommene Harmonie in unserem Leben, wenn wir Körper, Gemüt und Seele entwickeln. Wenn wir positive Mystik praktizieren, können wir den Herausforderungen unserer Zeit erfolgreich begegnen.

Übung

Überlege dir, wie du Spiritualität in dein Leben einbauen kannst. Erstelle einen Zeitplan. Plane Zeit ein für die Selbstüberprüfung von Gedanken, Worten und Taten, die deinen spirituellen Fortschritt aufhalten. Plane tägliche Zeit für Meditation und selbstlosen Dienst ein.

19. Innerer und äußerer Friede

Menschen in der ganzen Welt bringen ihren Wunsch nach Frieden auf unterschiedliche Weise zum Ausdruck. Oft hören wir Redewendungen wie: »Friede sei mit dir.« Zu Weihnachten schicken wir uns Weihnachtskarten oder singen Lieder wie »Friede sei auf Erden«. Auch erhebt man eine Hand und formt zwei Finger zu einem »V« als Symbol des Friedens. Stirbt jemand, so beten wir, er oder sie möge »in Frieden ruhen«.

Ständig finden internationale Konferenzen statt, bei denen nach Wegen gesucht wird, um Frieden in der Welt zu fördern. In vielen Ländern haben sich Friedensorganisationen gebildet. Es gibt sogar einen Friedensnobelpreis für individuelle Beiträge zu diesem edlen Zweck.

Das Streben nach Frieden ist universell. In jedem Zeitalter und in jedem Land versuchten die Menschen, Frieden in ihrer Umgebung, in ihrer Gesellschaft und in der Welt zu finden. Es ist seltsam, dass wir trotz dieser jahrtausendlangen Suche nach Frieden noch immer keinen Frieden erreicht haben. Nur wenige von uns haben für sich selbst Frieden gefunden. Nichts in dieser Welt scheint uns wahren und dauerhaften Frieden zu verschaffen. Wir fragen uns schließlich, warum Frieden so schwer zu erreichen ist.

Warum gibt es keinen Frieden?

Zunächst müssen wir analysieren, was Frieden bedeutet. Im Lexikon finden wir die Definition Abwesenheit von Streit, Zustand der Ruhe, Stille und Gelassenheit. In dieser Beschreibung liegt bereits die Antwort auf die Frage, warum es so schwer ist, Frieden zu erlangen. Leben und Streitigkeiten gehen anscheinend Hand in Hand. Ob reich oder arm, ob König oder Bauer, in unserem Leben gibt es immer Probleme verschiedener Art.

Eine lehrreiche Geschichte aus dem Leben Buddhas veranschaulicht uns diese Wahrheit sehr gut: Eine Frau, deren kleiner Sohn verstorben war, ging zu Buddha. Sie weinte zahllose Tränen wegen des Verlusts und bat Buddha, ihren Sohn ins Leben zurückzurufen, um den schrecklichen Schmerz in ihrem Herzen zu lindern. Buddha erklärte ihr in seiner eigenen Weisheit, dass er ihr helfen werde, wenn sie nur zuerst einige Senfkörner von einem Haushalt bringe, in dem noch nie jemand gestorben sei.

Freudig zog sie aus, um seine Anweisungen zu befolgen. Sie suchte ein Haus nach dem anderen auf, aber überall erhielt sie dieselbe Antwort. Sie erkannte schließlich, dass es keine einzige Familie gab, in der noch kein Familienmitglied verstorben war.

Der Tod ist eine unausweichliche Realität des Lebens. Krankheit und Leiden sind ebenfalls Tatsachen im Leben. Wir brauchen nur unser eigenes Leben zu betrachten, um zu erkennen, wie schwierig es ist, ohne Krankheit, ohne Missgeschick, ohne Unfall durch das Leben zu gehen. Medizinische Fachbücher enthalten unzählige mögliche Krankheiten, die die Menschen bedrohen. Es gibt keinen Mangel an Unglücksfällen, die uns auf unserer Lebensreise ereilen können. Wenn uns Tod, Missgeschick und Krankheit drohen, ist es schwierig, in dauerndem Frieden zu leben.

Selbst wenn unser Körper einigermaßen gesund ist, können nur wenige ein Leben ohne Streit führen. Viele Situationen und Begebenheiten erzeugen Stress. Haben wir eine Familie, wissen wir, dass Krankheit, Unglück oder Missgeschick eines Familienmitgliedes die anderen in Unruhe versetzt. Immer, wenn zwei Menschen zusammenleben oder zusammenarbeiten, sind Spannungen wegen Meinungsverschiedenheiten und unterschiedlichen Standpunkten vorgegeben. Uns beeinträchtigen noch viele andere Probleme. Wenn wir im äußeren Leben nach Frieden suchen, finden wir bestenfalls vorübergehende Augenblicke. Sicherlich gibt es Zeiten, in denen wir die Wärme der Gemeinschaft mit unseren Lieben genießen, oder wir erleben Momente des Glücks, weil wir einen Gewinn erzielen oder etwas erreichen. Aber diese Augenblicke sind flüchtig. Unvermeidlich präsentiert uns das Leben neue Probleme.

Der große mystische Dichter Sant Darshan Singh brachte diesen Gedanken sehr schön in einem seiner Verse zum Ausdruck:

Immer wenn ich einen Augenblick
des Glücks erfahre,
kommt das Leben und reicht mir
einen weiteren Becher voller Sorgen.

Es hat den Anschein, als ob dauerhafter Frieden in diesem Leben wirklich unmöglich wäre. Das Leben gleicht eher einem Pendel, auf dem wir zwischen Augenblicken der Freude und der Sorge hin- und herschwingen.

Inneren Frieden erlangen

Dennoch ist es möglich, wahren Frieden in diesem Leben zu erlangen. Dazu müssen wir nur unser Denken ändern und unseren Standpunkt aufgeben. Gewöhnlich suchen wir nach Frieden in der äußeren Welt und hoffen, ihn durch Besitz, Ansehen und Beziehungen zu erreichen. Verlieren wir jedoch eines davon, regen wir uns betroffen auf. Unser Gemütsfrieden ist dahin. Es gibt aber einen Weg zu wahrem Frieden. So wie Birbal die Linie von Akbar verkürzte, indem er eine längere Linie daneben zog, kann man die Lösung des Friedensproblems auf ähnliche Weise finden. Wir können den Lauf der Welt oder ihre Probleme nicht verändern, doch es ist uns möglich, dem Leben eine neue Dimension hinzuzufügen, die uns Frieden schenkt.

Wahrer Frieden kann im Inneren, kann in uns gefunden werden. Viele glauben, dass die äußere Welt die einzige Realität ist. Doch die erleuchteten Persönlichkeiten im Verlauf der Geschichte hatten mystische Erfahrungen, die für sie die Existenz einer inneren spirituellen Wirklichkeit bestätigten.

Buddha fand Erleuchtung, indem er sich nach innen wandte. Christus sagte: »Das Königreich des Himmels ist in euch.« Die Schriften des Islams und des Judentums berichten von Propheten, die mit Gott in Verbindung standen. Mystiker aller religiösen Traditionen legten ihre inneren spirituellen Erfahrungen dar. Sie sprachen von höheren Regionen, die gleichzeitig neben der physischen Welt bestehen. Diese Bereiche sind voller Freude und Liebe und befinden sich in uns. Es sind Regionen ewigen Friedens und dauernder Glückseligkeit jenseits von Zeit und Raum. Wir können nicht die Welt verändern, aber wir können uns auf die inneren Welten einstimmen. Um in dieser Welt Frieden zu erfahren, müssen wir ihn zuerst in uns selbst finden. Und wenn wir dies erreichen, wird sich unsere Sichtweise im Leben ändern.

Der Weg zu den spirituellen Regionen besteht in der Meditation. Meditation ist ein Vorgang, bei dem wir unsere Seele vom physischen Körper trennen und in die inneren Ebenen reisen. Die Methode der Meditation lernen wir von spirituellen Lehrern oder Mystikern, die diese Wissenschaft beherrschen. Zunächst erklären sie uns die Theorie, damit wir den Vorgang überhaupt verstehen. Dann geben sie uns durch die Meditation auf das innere Licht und den inneren Klang eine praktische Erfahrung, einen Beweis davon.

Je mehr wir mit Licht und Klang in Verbindung kommen, desto mehr Glückseligkeit erfahren wir. Die Seele erfährt reine Freude, reines Glück. Diese Glückseligkeit verbleibt Tag und Nacht, und wir erfahren Frieden und Erfüllung.

Beitrag zu äußerem Frieden

Wenn wir die Meditation unter der Führung eines spirituellen Meisters beherrschen, erlangen wir nicht nur persönliche Erfüllung, sondern entwickeln uns zu einem Werkzeug, das unseren Mitmenschen Frieden und Freude bringt. Werden wir mit dem Schöpfer eins, erkennen wir, dass alle Lebewesen Kinder Gottes sind, dass sich das göttliche Licht in uns auch in allen anderen befindet. Wir erkennen, dass alle Brüder und Schwestern in Gott sind. Auf dieser Stufe entwickeln wir wahre Liebe für alle, für unsere Mitmenschen und für die gesamte Schöpfung. Wir werden zu Botschaftern der Liebe Gottes. Wir strahlen Liebe an andere aus. Wenn jeder diese Erkenntnis hätte, würde wahrer Frieden auf diesem Planeten herrschen.

Erfahren wir inneren Frieden, können wir auch äußeren Frieden erreichen. Betreten wir das Heiligtum des Friedens in uns, erlangen wir die inneren Schätze. Manche haben vielleicht den Eindruck, der Weg der Meditation sei ein Weg der Weltflucht. Sie glauben, dass es dabei notwendig sei, wie ein Mönch in einer Höhle oder auf dem Gipfel eines Berges zu sitzen. Aber Meditation führt nicht zu Weltflucht. Sie macht uns vielmehr lebendiger und bewusster und ist eine der wirkungsvollsten Methoden, um aktiv für äußeren Frieden zu arbeiten. Wir sollten ein ausgewogenes Leben in dieser Welt führen. Während wir auf unser spirituelles Ziel hinarbeiten, führen wir ein normales Leben und erfüllen all unsere Verpflichtungen. Wir müssen unseren Lebensunterhalt ehrlich verdienen und uns um unsere Familie kümmern. Wir sollten dazu beitragen, den Bedürfnissen unserer Nachbarn, unserer Gemeinde, unserer Gesellschaft, dem Land und der ganzen Welt gerecht zu werden. Jede Aufgabe sollten wir so gut wie möglich ausführen. Der spirituelle Pfad ist ein zweifacher: Wir erlangen innere Erleuchtung und Frieden für uns selbst. Außerdem setzen wir unsere Talente und Fähigkeiten und das Geschenk der menschlichen Geburt ein, um diese Erde zu einem besseren und friedvolleren Ort zu machen. Sind wir Arzt, sollten wir der bestmögliche sein. Als Tischler sollten wir der bestmögliche Tischler sein, als Musiker der bestmögliche Musiker. Auf diese Weise verbessern wir die Gesellschaft, wir verbessern das Leben für alle, die uns umgeben. Wenn wir unser inneres und unser äußeres Leben entwickeln, werden wir vollkommene Menschen. Wir finden Erfüllung und Frieden für uns selbst und helfen auch anderen helfen, dasselbe zu erreichen.

Wir werden nicht in der Lage sein, unser Leben zu ändern und alle Probleme aus der Welt zu schaffen, aber durch Meditation können wir alles von einem anderen Blickwinkel aus betrachten. Durch Meditation können wir dem Leben begegnen, weil wir es besser verstehen. Wir haben das Wissen, das uns hilft, allem Geschehen fest ins Auge zu blicken. Wir werden inneren Frieden erlangen, der durch spirituelles Bewusstsein entsteht. Und wir werden eine Quelle des Friedens für alle um uns sein.

Ich hoffe und bete, dass jeder von euch diesen inneren Frieden erfährt und damit einen Beitrag zum Weltfrieden leistet.

Übung

Beobachte den äußeren Frieden in deiner Umgebung. Beachte Konflikte und schwierige Begebenheiten. Fahre fort, in deinem täglichen Leben Meditation zu praktizieren und dich selbst zu verbessern. Versuche, die  Menschen in deiner Umgebung positiv zu beeinflussen, indem du deinen inneren Frieden bewahrst. Vermeide es, anderen zu erzählen, was du tust. Sei einfach selbst friedvoll, strahle Frieden aus und beobachte deinen Beitrag zum Weltfrieden.

Zum Autor

Rajinder Singh ist Wissenschaftler und Mystiker und einer der weltweit führenden Meditationsexperten. Er leitet die Wissenschaft der Spiritualität, eine gemeinnützige Organisation mit Zentren in über vierzig Ländern. Diese Zentren bieten den Menschen ein Forum, um die Meditation zu erlernen, persönliche Transformation zu erfahren und inneren und äußeren Frieden und menschliche Einheit zu fördern. Durch Seminare, Meditationsretreats, Fernseh- und Radiosendungen, Magazine und Bücher präsentiert er Millionen von Menschen in der ganzen Welt seine kraftvolle, aber dennoch einfache Technik. Seine Methode, inneren und äußeren Frieden durch Meditation zu erlangen, wird in aller Welt von Führungskräften des sozialen, religiösen und spirituellen Lebens anerkannt und geschätzt.

Seine Bücher und Publikationen sind in über fünfzig Sprachen übersetzt. Dazu zählen in Deutsch: »Die Weisheit der erwachten Seele«, »Heilende Meditation«, »Die Kraft der Seele«, »Die Welt heilen«, sowie »Eine Vision der spirituellen Einheit und des Friedens«, »Ökologie der Seele« und »Erziehung zum Weltfrieden«, um nur einige zu nennen. Darüber hinaus werden Audio-CDs, Video-DVDs und Hunderte von Artikeln in Magazinen und Zeitschriften in der ganzen Welt veröffentlicht. Ansprachen und Konferenzen werden weltweit über Fernsehen, Radio und Internet übertragen.

Rajinder Singh ist Vorsitzender der Human Unity Conference (Konferenz zur Einheit der Menschen), und er war Präsident der 7. Weltreligionskonferenz. Er war einer der Hauptredner beim Parlament der Weltreligionen 1993 in Chicago und bei der Weltkonferenz über Religion und Frieden 1994 in Rom. Er führt bedeutende Weltkonferenzen für Frieden und Einheit durch, wie beispielsweise die 16., 17., 18., 19. und 20. Internationale Konferenz zur Einheit der Menschen sowie jährliche internationale Konferenzen über menschliche Integration und Mystik.

Rajinder Singh erhielt zahlreiche Auszeichnungen und Ehrungen, darunter einen Friedenspreis, der ihm 1997 vom Interfaith Center von New York und dem Temple of Understanding bei einer Zeremonie im Rahmen der NGOs der Vereinten Nationen überreicht wurde. In Baltimore wurde sogar ein Tag nach ihm benannt, der »Rajinder Singh Tag«. Am 50. Jahrestag der Vereinten Nationen in New York setzte er Tausende in Meditation, er leitete ein Gebet bei einer Zeremonie zu Ehren des Generalsekretärs der Vereinten Nationen, und er war Ehrengast beim National Prayer Breakfast im Februar 1997, bei dem der Präsident der USA den Vorsitz hatte. An der Akademie der US-Küstenwache hielt er einen Vortrag über das Thema »Moralische Dimensionen der Führung«.

Im Jahre 2000 sprach er bei der Eröffnungssitzung des Millennium-Weltfriedensgipfels der Vereinten Nationen für religiöse und spirituelle Führungspersönlichkeiten vor der Hauptversammlung. Er erhielt vom Illinois Institute of Technology für seine Arbeit auf dem Gebiet des Friedens und der Spiritualität eine Ehrenauszeichnung. In Peru und der Dominikanischen Republik erhielt Rajinder Singh mehrfach den Ehrendoktortitel für seinen Beitrag für den Weltfrieden und im Erziehungswesen verliehen.

Auf Bitten der kolumbianischen Regierung und einiger kommunaler Behörden anderer Länder hat Rajinder Singh Erziehungsprogramme gestaltet. In Indien hat er die Darshan-Schulen gegründet, die zusätzlich zum herkömmlichen Lehrplan spirituelle und ethische Werte lehren, die allen Religionen gemeinsam sind. Die Schüler werden dabei so erzogen, dass sie sich selbst als Bürger einer Welt sehen, deren Wohlstand und Wohlergehen von der Harmonie und vom Zusammenwirken aller Menschen abhängt.

Rajinder Singh leistet einen aktiven Beitrag, um der Menschheit zu helfen. Seine Organisation ist an sozialen Diensten und Projekten beteiligt; so wird beispielsweise in Delhi/Indien eine kostenlose allopathische, homöopathische und ayurvedische

Versorgung angeboten sowie kostenlose Augenuntersuchungen. Sie hilft Menschen nach Naturkatastrophen, wie z. B. beim Vulkanausbruch in Kolumbien, beim Erdbeben in Mexiko, bei den Überschwemmungen in Delhi oder beim Hurrikan in Florida, und sie hat zwei Orte wieder aufgebaut, die beim Erdbeben in Gujarat zerstört wurden. Dabei hat man nicht nur Wohnhäuser wieder aufgebaut, sondern auch eine Schule und ein Gemeindezentrum für Veranstaltungen und Meditation errichtet.

Rajinder Singh ist Wissenschaftler. Er erhielt den Bachelor-Grad am IIT (Indian Institute of Technology) in Madras in Indien und den Grad eines Master of Science am IIT (Illinois Institute of Technology) in Chicago, Illinois, in den USA. Er hat eine erfolgreiche zwanzigjährige Karriere auf den Gebieten Computer- und Kommunikationswissenschaft hinter sich, wo er in der Forschungs- und Entwicklungsabteilung arbeitete. Seine Tätigkeit in diesen beiden naturwissenschaftlichen Bereichen verlieh ihm die Fähigkeit, der Spiritualität eine wissenschaftliche Note zu geben. Er macht es damit dem Menschen in der ganzen Welt leicht, Spiritualität zu verstehen und die Meditation selbst auszuüben.

Rajinder Singh ist verheiratet und hat mit seiner Frau Rita zwei Kinder. Er verdient seinen Lebensunterhalt selbst und nimmt keinerlei Spenden an.

Information:

Deutschland

Wissenschaft der Spiritualität e.V., Geschäftsstelle,
Jägerberg 21, D-82335 Berg, Telefon 00 49 81 51 5 04 49
E-Mail: muenchen@wds-online.eu
Internet: www.wds-online.eu

Österreich

Seminar- und Meditationszentrum
Praterstr. 40 · A-1020 Wien
Tel./Fax: 00 43 1 218 99 80
E-Mail: vienna@sos.org
Internet: www.wds-online.eu

Schweiz

Meditationszentrum
Meierwiesenstraße 54 · CH-8064 Zürich-Altstetten
Tel. 00 41 44 555 90 15
E-Mail: zuerich@wds-online.eu
Internet: www.wds-online.eu

Empfehlenswerte Bücher
aus dem Programm der
SK-Publikationen

3. Auflage

3. Auflage

EXEMPLARISCH VEGETARISCH
Beispielhafte Rezepte aus der vegetarischen Vollwertküche.

Komplett überarbeitete Neuauflage!

Eine umfangreiche Rezeptesammlung mit neuen Kreationen der zeitgemäßen Vollwerternährung. Mit wertvollen Informationen rund um die vegetarische Ernährung, z. B. auch für Veganer, Allergiker oder Cholesterinbewusste. Und alles ohne Ei.
Genießen mit gutem Gewissen.

368 S., Hardcover, ISBN 978-3-86826-115-8

SPIRITUELLE PERLEN
Rajinder Singh

Mit viel Einfühlungsvermögen und Verständnis für den modernen Menschen stellt uns Sant Rajinder Singh diese Lektüre zur Verfügung. Die anschaulichen Geschichten dieses Buches bieten neue Einsichten, um mit dem vielschichtigen und oft schwierigen Leben zurechtzukommen und die spirituelle Sichtweise zu vertiefen. Sant Rajinder Singh reiht die verschiedensten Geschichten zu 52 Perlen für ein ganzes Jahr aneinander. Jede dieser Geschichten enthält eine wertvolle Lektion für ein spirituell erfülltes Leben und stellt somit eine leuchtende Perle der Weisheit dar.

176 S., Hardcover, ISBN 978-3-936868-10-4

3. Auflage

DIE WEISHEIT
DER ERWACHTEN SEELE
Durch Meditation die unbegrenzte Kraft der
Seele entdecken

Rajinder Singh

Mit diesem Buch möchte Sant Rajinder
Singh den Menschen eine praktische Anleitung geben, wie sie die Seele wieder zu ihrer
ganzen Stärke erwecken können. Denn das
Gemüt, die Sinne, der Körper und die An-
ziehungskräfte der physischen Welt haben
die Seele in einen Zustand der Vergessenheit
versetzt.

212 S., Hardcover, ISBN 978-3-908653-03-5

KRAFT DER SEELE
Antworten auf spirituelle Fragen

Rajinder Singh

Wie können wir als moderne Menschen den
altindischen Karma- und Reinkarnationsge-
danken verstehen? Wie hängen Karma und
freier menschlicher Wille zusammen? Und
wie lässt sich ein spirituelles Leben mit der
Hektik des Alltags vereinbaren?

156 S., Hardcover, ISBN 978-3-936868-07-4

Das Programm der SK-Publikationen
umfasst neben Büchern auch Audio CDs, Musik CDs, Video DVDs
SK-Publikationen Verlags-GmbH, Schleißheimer Str. 22a, D-80333 München, ☎ 089-847974, Fax 84006262
info@skp-verlag.de
Vertrieb: ☎ 09281/ 87412, Fax 142663, vertrieb@skp-verlag.de
www.skpshop.com

Bildnachweis

Archiv WdS: S. 109 klein
Howard Linton: S. 107, 108/109 groß, 108 klein, 114/115
A. Mari – fotocronista, l'osservatore romano citta del vaticano
servicio fotografico: S. 110 oben
Y.S. Rajput: S. 110: unten
Christian Schramm: S. 106 unten, 113
Markus Schramm: S. 104/105, 106 oben
SK-Photoservice USA: S. 102, 111
SKRM-Photo Service Indien: S. 103, 112, 114 klein